T0208822

essentials liefern aktuelles Wissen in konzentrierter Form. Die Essenz dessen, worauf es als „State-of-the-Art" in der gegenwärtigen Fachdiskussion oder in der Praxis ankommt. *essentials* informieren schnell, unkompliziert und verständlich

- als Einführung in ein aktuelles Thema aus Ihrem Fachgebiet
- als Einstieg in ein für Sie noch unbekanntes Themenfeld
- als Einblick, um zum Thema mitreden zu können

Die Bücher in elektronischer und gedruckter Form bringen das Expertenwissen von Springer-Fachautoren kompakt zur Darstellung. Sie sind besonders für die Nutzung als eBook auf Tablet-PCs, eBook-Readern und Smartphones geeignet. *essentials:* Wissensbausteine aus den Wirtschafts-, Sozial- und Geisteswissenschaften, aus Technik und Naturwissenschaften sowie aus Medizin, Psychologie und Gesundheitsberufen. Von renommierten Autoren aller Springer-Verlagsmarken.

Weitere Bände in der Reihe http://www.springer.com/series/13088

Peter Fissenewert · Mathias Wendt

Compliance Management in der Immobilienwirtschaft

Grundwissen für die Praxis

Mit einem Geleitwort von Karin Barthelmes-Wehr

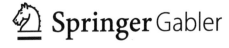

Springer Gabler

Peter Fissenewert
Buse Heberer Fromm Rechtsanwälte
Steuerberater PartG mbB
Berlin, Deutschland

Mathias Wendt
7C-Consulting GmbH
Berlin, Deutschland

ISSN 2197-6708   ISSN 2197-6716   (electronic)
essentials
ISBN 978-3-658-25894-8   ISBN 978-3-658-25895-5   (eBook)
https://doi.org/10.1007/978-3-658-25895-5

Die Deutsche Nationalbibliothek verzeichnet diese Publikation in der Deutschen Nationalbibliografie; detaillierte bibliografische Daten sind im Internet über http://dnb.d-nb.de abrufbar.

Springer Gabler

Springer Gabler ist ein Imprint der eingetragenen Gesellschaft Springer Fachmedien Wiesbaden GmbH und ist ein Teil von Springer Nature
Die Anschrift der Gesellschaft ist: Abraham-Lincoln-Str. 46, 65189 Wiesbaden, Germany

Was Sie in diesem *essential* finden können

- Eine Einführung in die spezifischen Haftungs- und Reputationsrisiken, denen Unternehmen der Immobilienwirtschaft und Mitglieder der Leitungs- und Überwachungsgremien ausgesetzt sind.
- Eine kompakte Darstellung der für Unternehmen der Immobilienwirtschaft besonders relevanten Compliance-Themenfelder.
- Eine Erläuterung der Funktionsweise und der wesentlichen Elemente eines wirksamen Compliance Management Systems.

Geleitwort

Diese kompakte Darstellung zum Compliance Management in der Immobilienwirtschaft kommt zum richtigen Zeitpunkt. Bedingt durch rechtliche und gesellschaftliche Entwicklungen hat das Interesse und die Sensibilität der Verantwortlichen in den Unternehmen der Immobilienwirtschaft für das Thema Compliance in den letzten Jahren kontinuierlich zugenommen.

Die Einführung und der Betrieb eines professionellen Compliance Management Systems ist – unabhängig von der jeweiligen Rechtsform des Unternehmens – für immer mehr Unternehmen der deutschen Immobilienbranche zu einer Selbstverständlichkeit geworden.

Das Institut für Corporate Governance in der deutschen Immobilienwirtschaft e. V. (ICG) hat diese Entwicklung seit seiner Gründung im Jahr 2002 mit einer Vielzahl von Initiativen gefördert und begleitet. Von zentraler Bedeutung war hierbei die Veröffentlichung des Pflichtenhefts zum Compliance-Management in der Immobilienwirtschaft im Jahr 2008 und im Folgenden der Aufbau eines Zertifizierungssystems hierfür. Seitdem ist die Zahl von Immobilienunternehmen, die ein Compliance Management System implementieren, beständig gestiegen. Viele hiervon haben sich in der Zwischenzeit vom ICG zertifizieren lassen und jedes Jahr kommen neue hinzu.

Als Konsequenz des stärkeren Interesses für das Thema Compliance nehmen auch die an das ICG herangetragenen Fragen von Leitungs- und Aufsichtsgremien nach der grundsätzlichen Funktionsweise, der angemessenen Ausgestaltung und der Sicherstellung der Wirksamkeit des Compliance Managements zu. Dem vorliegenden Buch gelingt es, dem Informationsbedürfnis von Gremienmitgliedern zu entsprechen, indem es die für diese Zielgruppe relevanten Aspekte in komprimierter Form, auf aktuellem Stand und mit einem ausgeprägten

Sinn für Praxisbezug darstellt. Damit liefert es eine hilfreiche Orientierung, um sich schnell und dennoch umfassend über Compliance Management zu informieren.

Wir wünschen diesem Buch viele interessierte Leser aus dem Kreis der Aufsichtsräte, Vorstände und Geschäftsführer der Unternehmen der Immobilienwirtschaft.

Berlin   Karin Barthelmes-Wehr
im Februar 2019   Geschäftsführerin, ICG

Inhaltsverzeichnis

Über die Autoren

Prof. Dr. Peter Fissenewert ist Rechtsanwalt und Partner der internationalen Kanzlei Buse Heberer Fromm sowie Professor für Wirtschaftsrecht. Seit mehreren Jahren beschäftigt er sich mit sämtlichen Themen rund um Compliance und Corporate Governance. Peter Fissenewert ist mit seiner Kanzlei Mitglied im Institut für Corporate Governance in der Deutschen Immobilienwirtschaft (ICG). Darüber hinaus ist er u. a. Mitglied im Deutschen Institut für Compliance (DICO) sowie Mitglied im Arbeitskreis „Compliance-Management" am DIN. Er hat neben Fachbüchern eine Vielzahl von Fachbeiträgen zu den Themenfeldern Corporate Governance & Compliance veröffentlicht und nimmt regelmäßig als Redner an hochkarätigen Fachveranstaltungen teil.

E-Mail: fissenewert@buse.de

Mathias Wendt ist selbstständiger Organisationsberater und systemischer Coach mit Schwerpunkten in den Bereichen Corporate Governance/Compliance/Culture mit Sitz in Köln. In der Zeit von 2008 bis 2016 war er bei der KPMG AG Wirtschaftsprüfungsgesellschaft tätig und hier u. a. zuständig für die Beratung und Prüfung von Immobiliengesellschaften in den Themenfeldern Governance & Compliance. Zuvor war Mathias Wendt langjährig als Führungskraft in unterschiedlichen Governance-Funktionen in Unternehmen der Kredit- und Immobilienwirtschaft tätig. Er ist beim Institut für Corporate Governance in der deutschen Immobilienwirtschaft e. V. als Auditor für Compliance Management Systeme akkreditiert.

E-Mail: wendt@7c-consulting.de

Einleitung 1

Schwächen des Managementsystems, aufgrund derer die Einhaltung von gesetzlichen Anforderungen und internen Regelungen nicht sichergestellt war, haben auch in deutschen Unternehmen in der Vergangenheit in vielen Fällen zu signifikanten Vermögensverlusten, schweren Reputationsschäden sowie zu erheblichen (Haftungs-)Risiken für die Mitglieder der Leitungs- und Aufsichtsgremien geführt. Vor diesem Hintergrund werden in Unternehmen zunehmend Compliance Management Systeme eingerichtet, die einen wichtigen Beitrag dazu leisten können, das Risiko von Regelverstößen zu reduzieren. Die deutsche Bau- und Immobilienwirtschaft hat durch die Gründung des „Ethikmanagement der Bauwirtschaft e.V." im Jahr 1996 (seit 2007: „EMB Wertemanagement Bau e.V.") sowie der „Initiative für Corporate Governance der deutschen Immobilienwirtschaft e.V." im Jahr 2002 (seit 2017: „Institut für Corporate Governance in der deutschen Immobilienwirtschaft e.V.") im Branchenvergleich frühzeitig auf die o. a. Entwicklungen reagiert.

Eine Umkehrung des aktuellen Trends zu mehr Regulierung und – damit häufig verbunden – zu mehr Bürokratisierung ist nicht in Sicht. Ganz im Gegenteil! Die nationalen, europäischen und internationalen Regulierer arbeiten für jedermann erkennbar an einer weiteren Ausweitung der rechtlichen Vorgaben für Unternehmen. Erinnert sei nur an die aktuellen Neuregelungen und Regelungsausweitungen in den Bereichen Datenschutz, Geldwäsche und Steuerrecht. Trotzdem sind die Zeiten für die Immobilienwirtschaft gut. Kapitalmarktorientierte Investoren betrachten Wohn- und Gewerbeimmobilien gerade in Zeiten von Niedrigzinsen als eine attraktive Kapitalanlage. Die Immobilienbranche rückt dadurch näher an den Bereich regulierter Finanzmärkte. Damit verbunden sind wiederum erhöhte Compliance-Anforderungen. Börsennotierte Unternehmen müssen Analysten und Investoren von der Qualität ihres Managements überzeugen, denn

© Springer Fachmedien Wiesbaden GmbH, ein Teil von Springer Nature 2019
P. Fissenewert und M. Wendt, *Compliance Management in der Immobilienwirtschaft*, essentials, https://doi.org/10.1007/978-3-658-25895-5_1

nur so können sie die Nachfrage nach der Unternehmensaktie weiter steigern. Vor diesem Hintergrund kann die Strategie der deutschen Immobilienwirtschaft nur darin bestehen, in den immobilienwirtschaftlichen Unternehmen eine starke Compliance-Kultur zu entwickeln, um auf der Grundlage einer eigenen Position der Stärke und der Unangreifbarkeit in Kooperation mit anderen Branchen proaktiv den Dialog mit dem Gesetzgeber und den Regulierungsbehörden zu suchen, um auf diese Weise wirksame, einer weiteren Bürokratisierung entgegenwirkende Impulse in Richtung einer funktionalen Regulierung und eines angemessenen Enforcements zu geben (vgl. Krais 2018, S. 227–230).

Das vorliegende Buch will einen Beitrag zur Entwicklung einer starken Compliance-Kultur in den immobilienwirtschaftlichen Unternehmen leisten. In ihm werden die bestehenden Compliance-Anforderungen, die maßgeblichen Haftungs- und Reputationsrisiken, die in der Praxis besonders relevanten Compliance-Themenfelder sowie zentrale Handlungsfelder bei der Umsetzung eines wirksamen Compliance Management Systems dargestellt. Konkrete Praxishinweise sollen die sachgerechte Umsetzung und Weiterentwicklung des Compliance Managements in immobilienwirtschaftlichen Unternehmen unterstützen.

Anforderungen an die Corporate Governance in der Immobilienwirtschaft

2

2.1 Einführung und zeitliche Entwicklung

In Abb. 2.1 werden für Unternehmen der deutschen Immobilienwirtschaft besonders relevante Entwicklungsschritte der Corporate Governance dargestellt. Wesentlich für die die Entwicklung der Corporate Governance in Deutschland war die Veröffentlichung des Deutschen Corporate Governance Kodex (DCGK) durch die Regierungskommission Corporate Governance im Jahr 2002. Der Einsetzung der Regierungskommission lag das Ziel zugrunde, durch eine Zusammenstellung und Weiterentwicklung der für kapitalmarktorientierte Unternehmen in Deutschland geltenden Anforderungen an die Leitung und Überwachung der Unternehmen die Attraktivität von Kapitalmarktanlagen in deutsche Unternehmen gerade für internationale Investoren zu erhöhen. Dieses stand im Zusammenhang mit der von der Politik eingeleiteten Internationalisierung des deutschen Kapitalmarktes („Auflösung der Deutschland AG"). Die von der Regierung eingesetzte Regierungskommission Corporate Governance hat den von ihr herausgegebenen DCGK von Anfang an als einen wichtigen Impulsgeber für die Entwicklung von Good Practices über die kapitalmarktorientierten Unternehmen hinaus bis hin zu Nonprofit-Organisationen verstanden.

Vor diesem Hintergrund wurde im Jahr 2002 die Initiative Corporate Governance der deutschen Immobilienwirtschaft e. V. gegründet, die im Jahr 2017 in Institut für Corporate Governance in der deutsche Immobilienwirtschaft e. V. (ICG) umbenannt worden ist. Im Jahr 2008 wurden vom ICG Verhaltensgrundsätze für immobilienwirtschaftliche Unternehmen veröffentlicht, die u. a. einen an den Deutschen Corporate Governance Kodex angelehnten immobilienwirtschaftlichen Corporate Governance Kodex sowie das „Pflichtenheft zum Compliance-Management in der Immobilienwirtschaft" (Compliance-Pflichtenheft) umfassen.

© Springer Fachmedien Wiesbaden GmbH, ein Teil von Springer Nature 2019
P. Fissenewert und M. Wendt, *Compliance Management in der Immobilienwirtschaft*, essentials, https://doi.org/10.1007/978-3-658-25895-5_2

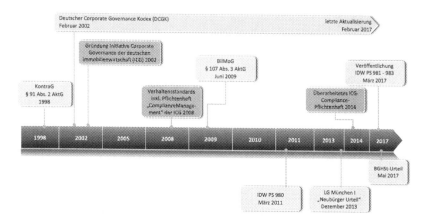

Abb. 2.1 Zeitstrahl zur Entwicklung der Corporate Governance. (Eigene Darstellung)

Besonders wichtig für die weitere Entwicklung der Corporate Governance in Deutschland war die Einführung des § 107 Abs. 3 S. 2 AktG im Rahmen des Bilanzrechtsmodernisierungsgesetzes im Jahr 2009, in dem die Verantwortlichkeit des Aufsichtsrats für die Überwachung des Rechnungslegungsprozesses, der Wirksamkeit des internen Kontrollsystems, des Risikomanagementsystems, des internen Revisionssystems sowie der Abschlussprüfung hervorgehoben wird. Durch diese Konkretisierung der in § 111 Abs. 1 AktG allgemein geregelten Überwachungspflicht des Aufsichtsrats wurde das Thema Wirksamkeit der Corporate Governance verstärkt auf die Tagesordnung der Aufsichtsgremien und damit auch der Leitungsgremien gesetzt. Im Kontext der zeitgleich in der deutschen Wirtschaft aufgetretenen großen Korruptionsskandale wurde hierbei von Anfang an immer auch das Thema Compliance Management als eine spezifische Form des Risikomanagements mit einbezogen.

Im Jahr 2011 wurde vom Institut der Wirtschaftsprüfer (IDW) der Prüfungsstandard (PS) 980 „Grundsätze ordnungsmäßiger Prüfung von Compliance Management Systemen" herausgegeben. Der IDW PS 980 kam für die mit der Umsetzung des bis dahin wenig strukturierten und standardisierten Themas Compliance Management in der Praxis beschäftigten Unternehmen zur rechten Zeit und ist dadurch über seine eigentliche Bestimmung als Prüfungsstandard für Wirtschaftsprüfer hinaus zu einem maßgeblichen Treiber der Entwicklung von Good Practices zum Compliance Management in Deutschland geworden.

Aufgrund des Erfolges des IDW PS 980 hat das ICG im Jahr 2014 eine überarbeitete Fassung des Compliance-Pflichtenhefts veröffentlicht, in der entsprechend dem IDW PS 980 die Bedeutung der Compliance-Risikoanalyse besonders hervorgehoben wird, sodass nunmehr eine ICG-Zertifizierung „auf der Basis eines entsprechenden Prüfungsberichts einer nach PS 980 durchgeführten Prüfung erfolgen" kann (vgl. ICG 2018a, S. 2).

Die durch § 107 Abs. 3 S. 2 AktG im Jahr 2009 angestoßene Emergenz eines den Besonderheiten des deutschen Gesellschaftsrechts Rechnung tragenden Systems zur Leitung und Überwachung von Unternehmen hat durch die vom IDW im Jahr 2017 analog zum IDW PS 980 veröffentlichten IDW PS 981, 982 und 983 für die Governance-Themenbereiche „Risikomanagement", „Internes Kontrollsystem der Unternehmensberichterstattung" und „Internes Revisionssystem" eine neue Dynamik erreicht, denn diese Standards verstehen sich als Antwort auf das zunehmende Bedürfnis der Aufsichts- und Leitungsgremien nach „Assurance" bezogen auf die Wirksamkeit der Corporate Governance. Dadurch dürfte die weitere Entwicklung des Risikomanagements, des Compliance Managements, des Internen Kontrollsystems und des Internen Revisionssystems als zentrale Elemente einer wirksamen Corporate Governance weiter gefördert werden.

Zur aktuellen Entwicklungsdynamik beigetragen hat auch die Rechtsprechung, die in einigen maßgeblichen Urteilen (insbesondere dem sogenannten „Neubürger"-Urteil – Landgericht München I vom 10.12.2013 – sowie dem Urteil des BGH vom 09.05.2017) gerade die haftungsreduzierende Funktion eines wirksamen Compliance Managements hervorgehoben und dadurch faktisch eine Pflicht zur Einführung eines Compliance Management Systems etabliert hat. Diese zumindest im Bereich der kapitalmarktorientierten Unternehmen bereits in der Praxis umgesetzte Entwicklung dürfte sich zukünftig verstärkt auch auf andere Unternehmen bis hin zu Nonprofit-Organisationen auswirken, zumal dann, wenn der Gesetzgeber aktuellen Initiativen zur Einführung eines Unternehmensstrafrechts in Deutschland – wie z. B. dem Kölner Entwurf eines Verbandssanktionengesetzes (vgl. Henssler, Hoven, Kubiciet und Weigend 2017) – folgen sollte. Die im Februar 2018 abgeschlossene Koalitionsvereinbarung enthält entsprechende Programmpunkte, die eine solche Gesetzesinitiative als durchaus vorstellbar erscheinen lassen.

2.2 Haftungsrisiken der Leitungsgremien

Die Haftungsrisiken für Vorstände und Geschäftsführer, also das, was auch als Managerhaftung bezeichnet wird, hat sich in den vergangenen Jahren in Deutschland erheblich verschärft. Eine Managerhaftung gab es zwar schon immer, gelebt wurde sie allerdings nicht wirklich. Das Schlimmste, was einem Manager in der

Vergangenheit passieren konnte, war seine Kündigung, diese häufig sogar noch einhergehend mit saftigen Abfindungen. Diese Zeiten sind vorbei. Nun vergeht kaum ein Tag, an dem nicht über mehr oder weniger große Verfehlungen von Managern zu lesen ist, einhergehend mit spektakulären Folgen wie Hausdurchsuchungen, Festnahmen und Schadensersatzprozessen.

Diese Entwicklung hat ihre Ursache nicht darin, dass es in jüngerer Zeit zu einer erheblichen Steigerung von Fehlleistungen gekommen ist. Vielmehr hat es Fehlleistungen auch in der Vergangenheit schon gegeben. Früher waren diese Fehlleistungen aber entweder noch nicht justiziabel oder sie sind schlicht und einfach nicht verfolgt worden. Das ist heute undenkbar. Die Zeiten haben sich sehr gewandelt.

Das Haftungspotenzial ist enorm. Wenn ein Manager nicht aufpasst, dann haftet er eben. Und das häufig mit seinem gesamten Vermögen. Manchmal helfen selbst beste Compliance-Maßnahmen verbunden mit D&O-Versicherungen nicht. Maßgeblich ist für Vorstände der in § 93 Abs. 1 AktG enthaltene Sorgfaltsmaßstab eines „ordentlichen und gewissenhaften Geschäftsleiters". Für Geschäftsführer ist der in § 43 Abs. 1 GmbH enthaltene Sorgfaltsmaßstab eines „ordentlichen Geschäftsmannes" maßgeblich. Für beide Haftungstatbestände ergibt sich indes eine Haftungsreduktion aus der in § 93 Abs. 1 S. 2 AktG kodifizierten sogenannten „Business Judgement Rule": Die Business Judgement Rule beschreibt den Umfang des unternehmerischen Entscheidungsspielraums von Geschäftsführern und Vorständen, der nicht gerichtlich überprüfbar ist. Danach haften Geschäftsführer und Vorstände dann nicht für negative Folgen unternehmerischer Entscheidungen, wenn diese auf der Grundlage angemessener Informationen, ohne Berücksichtigung sachfremder Interessen, zum Wohl des Unternehmens und in gutem Glauben gefasst wurden. Bei Verstößen drohen erhebliche Schadensersatzverpflichtungen und ein massiver Reputationsverlust für das Unternehmen. Compliance Management ist auch Risikomanagement und hilft dem Unternehmen und der Geschäftsleitung, Risiken zu erkennen, zu regeln und damit zu minimieren.

Nach der Umfrage einer großen Versicherungsgesellschaft (vgl. Managerhaftung 2017) berichtet jeder fünfte Manager von Ansprüchen gegen sich oder Kollegen. Gleichzeitig stellt diese Umfrage heraus, dass fast jeder siebte Geschäftsführer bzw. Vorstand keine Kenntnis über seine persönlichen Haftungsrisiken hat. Nach wie vor behandeln Teile der Immobilienwirtschaft das Thema Compliance nachrangig. Dies ergab eine Fachstudie des Bundeskriminalamtes zum Thema „Geldwäsche im Immobiliensektor" vom Oktober 2012 (vgl. Bundeskriminalamt 2012), die nach wie vor aktuell ist. Ausweislich einer im Februar 2016 veröffentlichten Studie von Prof. Bussmann (Universität Halle) handelt es sich bei der Immobilienbranche um einen Hochrisikosektor und dieses bei gleichzeitig geringem Problembewusstsein. Die meisten Immobilienunternehmen sind von Compliance-Risiken auf mehreren Rechtsgebieten betroffen (vgl. Bussmann 2015). Um Risiken zu erkennen und Haftung vorzubeugen, ist ein Compliance Management System (CMS) das richtige Mittel. Ohne Zweifel gehört ein CMS inzwischen als Ausdruck guter Corporate Governance zur Unternehmensleitung und -kontrolle im Sinne von § 76 Abs. 1 AktG, auch wenn die Pflicht zur Einführung eines CMS bislang nicht offiziell im Gesetz verankert ist. Mittlerweile mehren sich sogar die Stimmen, die die Implementierung eines CMS als rechtliche Verpflichtung anerkennen. Nach einem Urteil des LG München vom 10.12.2013 müssen Mitglieder der Geschäftsleitung dafür Sorge tragen, dass ein CMS im Unternehmen installiert wird. Die neuere Rechtsprechung zeigt aber auch, dass allein ein niedergeschriebenes CMS in einem Dokument – also lediglich ein Papiertiger – nicht ausreicht. Verlangt wird vielmehr, dass ein effektives (vgl. LG Bochum, Urteil vom 14.12.2015 – II 13 KLs-48 Js 4/13-16/14, zitiert in Transparency International, Scheinwerfer 77, S. 20) bzw. effizientes (vgl. BGH vom 09.05.2017 – 1 StR 265/16, NJW 2017, 3798.) CMS vorhanden ist, also ein funktionierendes und gelebtes CMS. Erfreulich ist, dass der Bundesgerichtshof deutlich gemacht hat, dass das Vorhandensein eines effektiven CMS zu deutlichen Haftungsmilderungen für ein Unternehmen führen kann, wenn denn doch einmal ein Verstoß begangen wird (vgl. BGH vom 09.05.2017 – 1 StR 265/16, NJW 2017, 3798).

2.3 Haftungsrisiken der Aufsichtsgremien

Längst sind auch die Aufsichtsgremien in das Visier der deutschen Justiz geraten und werden immer häufiger in Anspruch genommen. Der Aufsichtsrat ist als Überwachungsorgan einer Kapitalgesellschaft neben Vorstand oder Geschäftsführer Träger von Rechten und Pflichten. Der Aufsichtsrat wird damit de facto immer mehr zum Mitentscheidungsgremium, welches immer häufiger sogar das Kommando übernimmt (vgl. Rack 2017, S. 59–63). Daher stellt sich auch hier die Frage nach den Rechtsfolgen und insbesondere nach der persönlichen Haftung, wenn Mitglieder des Aufsichtsrats ihre Pflichten verletzt haben.

Die Diskussion über die Qualität der Unternehmensüberwachung ist noch relativ neu. Aber spätestens seit der Finanzkrise ist klar, dass die Zeiten der „Frühstücksdirektoren" im Aufsichtsrat vorbei sind. So gelten inkompetente Aufsichtsräte als eine der Ursachen der Finanzmarktkrise von 2009. Die vermeintlichen Experten haben in vielen Fällen gravierende Schieflagen der Banken, deren Geschicke sie beaufsichtigen sollten, nicht erkannt. Mittlerweile hat die Bundesanstalt für

Finanzdienstleistungsaufsicht (BaFin) entsprechende Konsequenzen gezogen und kann nicht nur die Abberufung von Aufsichtsräten erzwingen, sondern auch Tätigkeitsverbote aussprechen (vgl. Fissenewert 2012, S. 445). Unstreitig entsteht eine Haftung des Aufsichtsrats, wenn er in erkennbaren Krisensituationen des Unternehmens nicht bzw. nicht richtig reagiert. Wichtig ist in diesem Zusammenhang immer die Frage der Informationsbeschaffung. Zwar ist grundsätzlich der Vorstand verpflichtet, den Aufsichtsrat umfassend zu informieren. Dies ergibt sich aus der Informationspflicht des Vorstands. Allerdings soll sich der Aufsichtsrat auch nicht mit dem Hinweis auf fehlende oder lückenhafte Informationen durch den Vorstand entlasten können (vgl. Huthmacher 2015, S. 38). Der Aufsichtsrat hat daher die Pflicht zur Eigeninformation. Ohne die Informationspflicht des Aufsichtsrats wäre dessen Überwachungsaufgabe wirkungslos (vgl. Fissenewert 2013, S. 214–219). Es handelt sich hier somit um eine Holschuld. Bleiben Vorstandsberichte unvollständig, hat der Aufsichtsrat weitere Informationen anzufordern. Der Deutsche Corporate Governance Kodex schreibt nicht nur dem Vorstand vor, dass er sich um Compliance zu kümmern hat, wie es in Ziffer 3.4 DCGK niedergelegt ist. Der Aufsichtsrat soll ferner nach Ziffer 5.3.2 DCGK einen „Prüfungsausschuss einrichten, der sich – soweit kein anderer Ausschuss damit betraut ist – insbesondere mit der Überwachung der Rechnungslegung, der Wirksamkeit des internen Kontrollsystems, des Risikomanagements (…) sowie der Compliance, befasst."

Die gleiche Aussage trifft auch § 107 Abs. 3 AktG seit seiner Anpassung durch das Bilanzrechtsmodernisierungsgesetz (BilMoG): „Der Aufsichtsrat kann insbesondere einen Prüfungsausschuss bestellen, der sich mit der Überwachung des Rechnungslegungsprozesses, der Wirksamkeit des internen Kontrollsystems, des Risikomanagementsystems und des internen Revisionssystems (…) befasst." Compliance Management wird nach der ganz herrschenden Meinung als Teil des Risikomanagementsystems i. S. von § 107 Abs. 3 AktG verstanden.

Entsteht dem Unternehmen durch pflichtwidriges Verhalten des Aufsichtsrats ein Schaden, so haften die Aufsichtsratsmitglieder persönlich und gesamtschuldnerisch. Die Aufsichtsräte trifft die Beweislast, ob sie die Sorgfalt eines ordentlichen und gewissenhaften Geschäftsleiters angewandt haben. Besonders gefährlich ist die hier geltende Beweislastumkehr. Es wird nämlich solange von der Pflichtwidrigkeit und dem Verschulden des Aufsichtsrats ausgegangen, bis der Aufsichtsrat das Gegenteil bewiesen hat. Und diese Beweisführung ist sehr schwierig. Wenn der Vorstand beispielsweise trotz der Insolvenzreife eines Unternehmens weiter Zahlungen leistet, so muss der Aufsichtsrat diese Zahlungen stoppen. Tut er es nicht, so haftet er mit seinem privaten Vermögen.

Auch die Geltendmachung von Schadensersatzansprüchen gegen Vorstandsmitglieder obliegt dem Aufsichtsrat im Rahmen seiner Überwachungsaufgabe. Hat die Durchsetzung eines Schadensersatzanspruchs gegen Vorstandsmitglieder hinreichende Aussicht auf Erfolg, muss der Anspruch vom Aufsichtsrat grundsätzlich geltend gemacht werden, andernfalls entsteht auch hier ein Haftungsrisiko. Die Aufsichtsratshaftung kann auch Politiker oder/Beamte treffen, wenn sie beispielsweise Aufsichtsrat in einem öffentlichen Unternehmen sind und sich z. B. im Zusammenhang mit aufgetretenen Compliance-Fällen herausstellen sollte, dass die Aufsichtsratsmitglieder vorwerfbar gehandelt oder genauer: vorwerfbar nicht gehandelt haben.

Das Aktiengesetz enthält in §§ 116, 93 AktG die spezielle Anspruchsgrundlage der Gesellschaft bei Pflichtverletzungen von Aufsichtsräten. Dabei verweist § 116 AktG für die Sorgfaltspflicht und Verantwortlichkeit des Aufsichtsrats auf die sinngemäße Anwendung des § 93 AktG, der in Absatz 1 die Sorgfaltspflicht und in Abs. 2 die Verantwortlichkeit und Schadensersatzpflicht des Vorstandes regelt. Aufgrund der Unterschiedlichkeit der Aufgabenstellung zwischen Aufsichtsrat und Vorstand muss der Tatbestand der Anspruchsgrundlage entsprechend ausgelegt werden. Als Ausfluss seiner eigenen Sorgfaltspflicht muss der Aufsichtsrat überprüfen, ob das Unternehmen über die notwendigen Instrumente zur Sicherstellung einer ordnungsgemäßen Geschäftsführung verfügt. Hierzu zählt z. B. ein den Anforderungen des Unternehmens entsprechendes, angemessenes und wirksames CMS.

Die steigende Frequenz von höchstrichterlichen Entscheidungen zu einem zuvor nahezu „jungfräulich" behandelten Thema verdeutlicht vor allem eines: Die diesbezüglichen Rechtsansichten sind mittlerweile gesetzt und nicht mehr disponibel. Vom Aufsichtsrat werden im Rahmen seiner Überwachungspflicht umfangreichere Tätigkeiten verlangt, erst recht in Krisenzeiten.

Compliance Management und Corporate Governance

3

3.1 Compliance Management als ein Element der Corporate Governance

Unter Corporate Governance werden die Regeln der Unternehmensführung, d. h. der Leitung und Überwachung eines Unternehmens verstanden (vgl. Regierungskommission Corporate Governance 2017, S. 1). In den letzten zehn Jahren hat sich durch das Zusammenwirken von Initiativen des Gesetzgebers (z. B. § 107 Abs. 3 AktG) mit der Rechtsprechung (z. B. „Neubürger-Urteil") sowie von Initiativen der Unternehmensseite (z. B. Verhaltensstandards des ICG) und des Instituts der Wirtschaftsprüfer (IDW PS 980 bis 983) ein den Besonderheiten des deutschen Gesellschaftsrechts entsprechendes System der Unternehmensüberwachung entwickelt, welches von dem Wunsch der Aufsichts- und Leitungsorgane nach „Assurance" getrieben wird. Das in Abb. 3.1 dargestellte, sogenannte „House of Governance" ist eine in der Praxis verbreitete Form der Darstellung des deutschen Systems der Unternehmensüberwachung.

Die Aufgaben, Pflichten und damit verbundenen Haftungsrisiken der Aufsichts- und Leitungsgremien bezogen auf die Corporate Governance wurden bereits oben in den Abschn. 2.2 und 2.3 erläutert.

Das **Compliance Management** zielt auf die Sicherstellung der Einhaltung aller externen Vorgaben und internen Richtlinien sowie von freiwillig eingegangenen Selbstverpflichtungen. Ihm kommt innerhalb der Corporate Governance eine zentrale Bedeutung zu, da die Sicherstellung der Einhaltung der Regeltreue für alle weiteren Governance-Anforderungen grundlegend ist. Zudem stellt ein wirksames Compliance Management System besondere Anforderungen an die Unternehmenskultur bzw. an die Unternehmenswerte und berührt damit ganz unmittelbar das (Vorbild-)Verhalten der Führungskräfte eines Unternehmens

© Springer Fachmedien Wiesbaden GmbH, ein Teil von Springer Nature 2019
P. Fissenewert und M. Wendt, *Compliance Management in der Immobilienwirtschaft*, essentials, https://doi.org/10.1007/978-3-658-25895-5_3

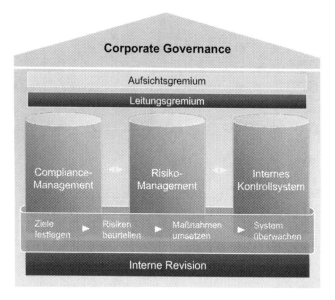

Abb. 3.1 House of Corporate Governance. (Darstellung angelehnt an KPMG 2013, S. 12)

(„Tone from the Top", „Tone from the Middle"). Ein objektivierter Nachweis eines wirksamen Compliance Management Systems kann durch eine Prüfung nach IDW PS 980 („Grundsätze ordnungsmäßiger Prüfung von Compliance Management Systemen") und/oder nach Zertifizierung auf der Grundlage einer externen Auditierung der Umsetzung der Anforderungen des Compliance-Pflichtenhefts des ICG erbracht werden.

Ein **Risikomanagement** beinhaltet die Identifizierung, Beurteilung aller relevanter Risiken und das Ergreifen von risikobegrenzenden oder -vermeidenden Maßnahmen sowie die Definition dazugehöriger Mess- und Kontrollinstrumente (vgl. Gleißner 2018). Das Risikomanagement hat traditionell einen Fokus auf die aus den jeweiligen operativen Geschäftsaktivitäten eines Unternehmens resultierenden Risiken. Teil eines Risikomanagementsystems ist das gemäß § 91 Abs. 2 AktG geforderte Risikofrüherkennungssystem. Compliance-Risiken werden im Rahmen des klassischen Risikomanagements regelmäßig nicht in angemessener Weise erfasst, da die Identifikation und Bewertung von Compliance-Risiken eine entsprechende Risikowahrnehmung (vgl. Fürst 2014) im Unternehmen voraussetzt, die jedoch ohne vorherige Sensibilisierung bzw. Schulung der relevanten Führungskräfte und Mitarbeiter nicht erwartet werden kann. Während die Prüfung des Risikofrüherkennungssystems Gegenstand der Jahresabschlussprüfung ist, kann der weitergehende Nachweis eines wirksamen Risikomanagementsystems durch eine Prüfung nach IDW PS 981 (vgl. IDW 2017a) erbracht werden.

Im Hinblick auf das **Interne Kontrollsystem** ist zwischen einem weiten Verständnis und einem engen Verständnis zu unterscheiden. In einem weiten Verständnis, welches dem angloamerikanischen Internal Control-Ansatz folgt, umfasst das Interne Kontrollsystem die Gesamtheit der im Unternehmen eingeführten Regelungen, die auf die organisatorische und technische Umsetzung der Entscheidungen der gesetzlichen Vertreter zur ordnungsgemäßen Durchführung der Geschäftsprozesse gerichtet sind. Grundlegende Orientierung bei der Implementierung eines solchen Internen Kontrollsystems bietet das international anerkannte und auf Unternehmen unterschiedlicher Größe flexibel anwendbare COSO Rahmenwerk (vgl. Abb. 3.2). Danach sollte ein angemessenes Internes Kontrollsystem die folgenden drei Ziele verfolgen: 1) Effektivität und Effizienz der Geschäftsprozesse, 2) Verlässlichkeit der Finanzberichterstattung 3) Einhaltung der gültigen Gesetze und Vorschriften. Zur Realisierung dieser Ziele sind auf den verschiedenen organisatorischen Ebenen einer Einrichtung (Gesamtorganisation,

Abb. 3.2 COSO-Modell. (Eigene Darstellung)

Geschäftsbereich, Geschäftseinheit) angemessene Umsetzungsaktivitäten erforderlich. Diesbezüglich werden im COSO Rahmenwerk fünf Dimensionen bzw. Komponenten eines Internen Kontrollsystems unterschieden: 1) Kontrollumfeld, 2) Risikobeurteilung, 3) Kontrollaktivitäten, 4) Information und Kommunikation und 5) Überwachungsaktivitäten. Zur Operationalisierung dieser Dimensionen bzw. Komponenten dienen diverse, innerhalb des COSO-Rahmenwerks im Einzelnen dargestellte Prinzipien und Komponenten. Im Rahmen dieses umfassenden Internal Control-Ansatzes ist das Compliance Management als jener Teilbereich zu verstehen, der auf die Sicherstellung der Einhaltung der gültigen Gesetze und Vorschriften zielt. Ein Nachweis eines wirksamen Internen Kontrollsystems für den Bereich der Unternehmensberichterstattung kann nach IDW PS 982 erbracht werden (vgl. Bungartz 2017).

Unter einem Internen Kontrollsystem wird nach einem engeren, traditionell in Deutschland vorherrschenden Verständnis, für welches in der Praxis die Abkürzung „IKS" gebräuchlich ist, die Gesamtheit der insbesondere in den operativen Prozessen integrierten internen Kontrollen (wie z. B. Vier-Augen-Prinzip, Funktionstrennungen etc.) verstanden. Die jeweils prozess- oder kontrollverantwortlichen Personen sind aufgefordert, in ihren jeweiligen Zuständigkeitsbereichen dafür Sorge zu tragen, dass erforderliche interne Kontrollen implementiert, ordnungsgemäß durchgeführt und auch dokumentiert werden. Nach diesem engen Verständnis ist es eine Aufgabe des Compliance Managements, ein wirksames Monitoring der compliance-bezogenen internen Kontrollen in den Unternehmensprozessen sicherzustellen. Zugleich erfordert ein angemessenes CMS, dass in den spezifischen Prozessen des Compliance Managements geeignete Kontrollen implementiert und ordnungsgemäß durchgeführt werden. Ein in diesem Sinne eng verstandenes compliance-bezogenes Internes Kontrollsystem kann, wenn es mit Augenmaß implementiert und gemonitort wird, einen wichtigen Beitrag zur Wirksamkeit des Compliance Managements leisten.

Die **Interne Revision** unterstützt das Leitungsorgan bei der Kontrolle und Steuerung durch unabhängige und risikoorientierte Prüfungs- und Beratungsleistungen. Die Prüfungstätigkeit einer professionell aufgestellten Internen Revision basiert auf international einheitlichen, weltweit anerkannten Berufsstandards (IPPF), die vom Institute of Internal Auditors in Florida/USA herausgegeben werden und auch für Mitglieder des Deutschen Instituts für Interne Revision e. V. (DIIR) verbindlich sind (vgl. Abb. 3.3).

Ein Nachweis der Wirksamkeit des Internen Revisionssystems kann nach den inhaltlich weitgehend deckungsgleichen Prüfungsstandards DIIR-Revisionsstandard Nr. 3 (vgl. DIIR 2017) und IDW PS 983 (vgl. IDW 2017c) erfolgen (vgl. Wendt und Eichler 2018, S. 95–111).

Abb. 3.3 Internationale Berufsstandards der Internen Revision. (Darstellung nach IIA/DIIR 2017, S. 1)

3.2 Verhaltensgrundsätze der Immobilienwirtschaft

Corporate Governance ist kein Selbstzweck. Ziel sollte es vielmehr sein, durch eine angemessene Ausgestaltung der Governance-Organisation das Gelingen der Zusammenarbeit zum gegenseitigen Vorteil in einem Unternehmen und mit den Stakeholdern des Unternehmens zu fördern. In der Sprache der ökonomischen Ethik handelt es sich bei der Entwicklung, Implementierung und dem Monitoring entsprechender Regelungen und Verfahrensweisen um Investitionen in die Bedingungen für eine gelingende (gesellschaftliche) Zusammenarbeit zum gegenseitigen Vorteil (vgl. Suchanek 2015, S. 17). So kann beispielsweise eine gelebte (Selbst-)Bindung von Unternehmensleitung und Mitarbeitern an klar definierte und als fair wahrgenommene Kommunikations- und Verhaltensregeln zur Entwicklung einer starken Vertrauenskultur und einer positiven Fehlerkultur in einem Unternehmen führen.

Ausgehend von der Einsicht in den Nutzen von gelebten Selbstbindungen hat das ICG im Jahr 2008 die in Abb. 3.4 dargestellten, speziell für die Immobilienwirtschaft entwickelten Verhaltensgrundsätze veröffentlicht, zu deren Einhaltung sich Unternehmen der Immobilienwirtschaft freiwillig verpflichten können. Auf der höchsten Ebene stellen die „Grundsätze ordnungsgemäßer und lauter Geschäftsführung der Immobilienwirtschaft" werteorientierte Unternehmensleitsätze für Unternehmen der Immobilienwirtschaft dar. Eine freiwillige Verpflichtung auf die Einhaltung dieser „10 Gebote" stellt die Basis für die werteorientierte Ausrichtung eines immobilienwirtschaftlichen Unternehmens dar. Die zehn Grundsätze umfassen Selbstverpflichtungen für folgende Teilbereiche einer guten Unternehmensführung:

1. Nachhaltige Wertschöpfung
2. Werteorientierte Unternehmensführung
3. Vermeidung von Interessenkonflikten
4. Sachkundige Gremien
5. Stetige Qualifizierung

Abb. 3.4 Verhaltensgrundsätze für die Immobilienwirtschaft. (Darstellung übernommen vom ICG 2018)

6. Modernes Risikomanagement
7. Ordnungsgemäße Abschlussprüfung
8. Transparente Immobilienbewertung
9. Nachvollziehbares Geschäftsmodell
10. Faire Kommunikation

Unter den Grundsatz (6) „Modernes Risikomanagement" fällt auch die Verpflichtung zur Implementierung eines „verbindlichen Compliance Management
Systems" (vgl. ICG 2016).

Der Corporate Governance Kodex der deutschen Immobilienwirtschaft, der
sich primär an börsennotierte Immobilienunternehmen richtet, dessen Anwendung
vom ICG aber auch für nicht kapitalmarktorientierte Immobilienunternehmen
empfohlen wird, enthält branchenspezifische Ergänzungen des DCGK. Hierbei
geht es vor allem um die angemessene Einbindung des Aufsichtsgremiums bei
Veränderungen der Bewertungsmethoden, beim Beschluss über Immobilienan-
und -verkäufe von „erheblicher Bedeutung" sowie bei Immobiliengeschäften
mit Mitgliedern des Vorstandes oder des Aufsichtsrats. Des Weiteren geht es um
spezifische Qualifikationsanforderungen an Mitglieder des Vorstands und des Aufsichtsrats, um den Umgang mit möglichen Interessenkonflikten und die Pflicht zur
Offenlegung von privaten Immobiliengeschäften, um Veröffentlichungspflichten
sowie um die Pflicht zur Anwendung von „anerkannten, geeigneten und kohären-
ten" Immobilienbewertungsmethoden (vgl. ICG 2017a).

Der „Leitfaden Wertemanagement in der Immobilienwirtschaft" (vgl. ICG
2018b) gibt Hinweise für eine werteorientierte Implementierung eines Compliance Management Systems entsprechend der im „Pflichtenheft zum Compliance-Management in der Immobilienwirtschaft" (vgl. ICG 2018a) verbindlich
vorgegebenen inhaltlichen Anforderungen an die Ausgestaltung eines CMS (vgl.
hierzu die Darstellung in Abschn. 5.3).

3.3 Zentrale Bedeutung der Unternehmenskultur

In der Unternehmenspraxis beginnt sich zunehmend die Erkenntnis durchzu-
setzen, dass die Wirksamkeit von Risikomanagement, Compliance Management,
Internem Kontrollsystem und Internem Revisionssystem als zentrale Elemente
der Governance-Organisation (vgl. § 107 Abs. 3 AktG) entscheidend von der
bestehenden Unternehmens- bzw. Organisationskultur abhängig ist. Dieses spie-
gelt sich auch in den vom Institut der Wirtschaftsprüfer im Jahr 2017 veröffentlichten Prüfungsstandards zur ordnungsmäßigen Prüfung der Angemessenheit

und Wirksamkeit des Risikomanagements (IDW PS 981), des Internen Kontroll-systems (IDW PS 982) und der Internen Revision (IDW PS 983). Diese folgen insoweit dem bereits im Jahr 2011 veröffentlichten Prüfungsstandard zur ord-nungsgemäßen Prüfung von Compliance Management Systemen (IDW PS 980), als sie der Unternehmenskultur in Gestalt der „Compliance-Kultur", der „Risiko-kultur", dem „Internen Kontrollumfeld" und der „Revisionskultur" jeweils eine zentrale Bedeutung zumessen.

Was aber genau hat es mit dem etwas schillernden Phänomen Unternehmens-kultur auf sich? In den USA wurde erstmals in den 30er Jahren des letzten Jahrhunderts auf die Bedeutung der Unternehmenskultur für die Führung von Unternehmen hingewiesen. Besondere Beachtung fand das Thema Unter-nehmenskultur dann ebenfalls in den USA Anfang der 80er Jahre im Zusammen-hang mit der Suche nach den Gründen für die damaligen Erfolge der japanischen Automobilindustrie. In der einschlägigen Fachliteratur finden sich eine Vielzahl unterschiedlicher Definitionen von Organisationskultur (vgl. Wendt 2016). Eine weltweit besonders häufig in der Literatur verwendete Definition stammt von Edgar. H. Schein. Nach Schein besteht Organisationskultur aus drei Ebenen 1) Grundannahmen, 2) Normen und Standards sowie 3) Artefakte. Bei den Grund-annahmen handelt es sich um die in einem Unternehmen vorherrschenden Vor-stellungen über Umweltbezug, Wahrheit, Menschen, menschliches Handeln und soziale Beziehungen. Normen und Standards sind Maximen, Richtlinien, Ver-bote und Werte. Artefakte sind Symbolsysteme wie Sprache, Rituale, Kleidung und Umgangsformen. Grundannahmen sind unsichtbar und zumeist unbewusst. Normen und Standards sind teilweise unbewusst und teilweise bewusst. Symbol-systeme sind sichtbar, aber teilweise nicht ohne weiteres verständlich (vgl. Schein 2010a). Das Drei-Ebenen-Modell der Organisationskultur in Anlehnung an Schein ist in der Abb. 3.5 dargestellt.

Geert Hofstede definiert Organisationskultur als eine kollektive Programmie-rung des Denkens und Wahrnehmens der Mitglieder einer Organisation („col-lective programming of the mind"). Auf der Grundlage der Ergebnisse einer von ihm in den 80er Jahren durchgeführten Studie vertritt Hofstede die Auffassung, dass als zentraler Aspekt der Organisationskultur die kollektive Wahrnehmung der betrieblichen Praktiken angesehen werden sollten („collective perceptions of daily practices"). Im Unterschied zu den nur schwer veränderbaren individuellen Wer-ten der Mitarbeiter werden die betrieblichen Praktiken nach der von Hofstede ver-tretenen Auffassung von den Mitarbeitern eines Unternehmens im Rahmen ihrer täglichen Arbeit erlernt. Die entsprechenden Wahrnehmungen der Mitarbeiter sind somit auch leichter veränderbar (vgl. Hofstede et al. 2010, S. 345–348).

Abb. 3.5 Drei-
Ebenen-Modell der
Organisationskultur.
(Darstellung in Anlehnung
an Schein 2010a, S. 31)

Artefakte
* Architektur, Bekleidungsvorschriften,
  Bürogestaltung, Dokumente, Slang, Jargon
* Rituale, Zeremonien
* Geschichte, Legenden, Anekdoten, Mythen

Normen und Standards
* Vermittelte Werte: z. B. Unternehmensgrundsätze
* Internalisierte Werte: z. B. Leistung

Grundannahmen
* Beziehungen zur Umwelt
* Wesen von Realität, Zeit und Raum
* Menschenbild
* Wesen menschlicher Aktivität
* Wesen sozialer Beziehungen

Ein weiterer, zum Verständnis des Phänomens Organisationskultur hilfreicher
Ansatz stammt von Niklas Luhmann, der sich als Soziologe mit dem Thema Organisation beschäftigt hat (vgl. Luhmann 2000). Nach Luhmann sind die für alle
Organisationen konstitutiven Operationen kommunizierte Entscheidungen. Organisationen grenzen sich durch kommunizierte Entscheidungen von ihrer Umwelt ab.
Wenn eine Entscheidung kommuniziert wird, dient sie den Mitgliedern der Organisation als Grundlage (Prämisse) für weitere Entscheidungen. Entscheidungsprämissen sind nach Luhmann Programme, Kommunikationswege, Personen und
die Organisationskultur. Diese legen den Spielraum fest, innerhalb dessen in einer
Organisation frei entschieden werden kann (vgl. Simon 2009, S. 70). Luhmann ver-
steht Organisationskultur als eine Entscheidungsprämisse, die zwar „aus Anlass von
kommunizierten Entscheidungen" produziert wird, über die jedoch in der Organisation selbst nicht explizit entschieden werden kann (vgl. Luhmann 2000, S. 242). Bei
der Organisationskultur handelt es sich um von der Organisation selbst produzierte,
relativ stabile Kommunikationsmuster. Werden Entscheidungsprämissen berücksichtigt, so werden sie damit gleichzeitig als organisationale Praktiken bestätigt.
Wird gegen Entscheidungsprämissen verstoßen, so droht als Sanktion die Aus-
grenzung in Form des zumindest faktischen Verlusts der „Mitgliedschaft". Im Rahmen des Ansatzes von Luhmann können besonders gut die zentrale Bedeutung der
Kommunikation für die Entwicklung der Organisationskultur sowie die mit einer

angestrebten Veränderung der Organisationskultur verbundenen Schwierigkeiten (Widerstände) veranschaulicht werden.

In der Zusammenschau der Ansätze von Schein, Hofstede und Luhmann liegt in Analogie zu einer in der Fachliteratur auf breite Zustimmung gestoßenen Definition der Sicherheitskultur (vgl. Reason 1997) folgende Definition von Compliance-Kultur nahe:

Compliance-Kultur ist das Ergebnis einer fortlaufenden Kommunikation von Organisationsmitgliedern mit individuellen und kollektiven Annahmen, Einstellungen und Verhaltensmustern. Diese bestimmt über das Engagement für das Compliance-Programm einer Organisation sowie über dessen Leistungsfähigkeit und Wirksamkeit. Kennzeichnend für Organisationen mit einer starken Compliance-Kultur ist eine Kommunikation, die auf einer gemeinsamen Auffassung bezüglich der großen Bedeutung der Einhaltung von Compliance-Anforderungen und auf dem Vertrauen in die Effizienz präventiver Maßnahmen gründet (vgl. Wendt 2016, S. 295).

Relevante Compliance-Themenfelder für Unternehmen der Immobilienwirtschaft

4

4.1 Einführung und Überblick

Compliance Management zielt darauf, die Einhaltung von externen und internen Regelungen durch die Leitungsgremien und die Mitarbeiter eines Unternehmens sicherzustellen. Da somit potenziell alle für ein Unternehmen geltenden Regelungsbereiche für ein Compliance Management von Belang sein können, sind Unternehmen darauf angewiesen, durch eine strukturierte Aufnahme und Bewertung ihrer Compliance-Risiken („Compliance Risk Assessment") die für sie relevanten Compliance-Themenfelder zu identifizieren. Die für Unternehmen der Immobilienwirtschaft in der Praxis relevanten Compliance-Themenfelder sind in Abb. 4.1 dargestellt.

Im Folgenden werden die für viele Unternehmen der Immobilienwirtschaft besonders praxisrelevanten Compliance-Themenfelder Antikorruption (Korruptionsprävention), Datenschutz, Geldwäsche und Steuerrecht (Tax Compliance) näher erläutert.

4.2 Antikorruption (Korruptionsprävention)

Korruptionsrisiken sind auch für Unternehmen der Immobilienwirtschaft von besonderer Bedeutung. Folgende Gründe sind hierfür maßgeblich:

- Großprojekte sind stets durch Einmaligkeit geprägt,
- höchst individuelle Verträge,
- angespannte Wettbewerbssituation,
- hohe Regelungsdichte,

© Springer Fachmedien Wiesbaden GmbH, ein Teil von Springer Nature 2019
P. Fissenewert und M. Wendt, *Compliance Management in der Immobilienwirtschaft*, essentials, https://doi.org/10.1007/978-3-658-25895-5_4

Abb. 4.1 Relevante Compliance-Themenfelder für die Immobilienwirtschaft. (Eigene Darstellung)

- große Investitionssummen dienen als Rechtfertigung für im Verhältnis geringe eigene Vorteile,
- häufig jahrelange Projekte, die ein zunächst harmloses „Anfüttern" ermöglichen,
- vermeintlich geringes Entdeckungsrisiko (z. B. Verbauen mangelhafter Materialien).

Ein Schwerpunkt der Kriminalität in Unternehmen der Immobilienwirtschaft sind Korruptionsdelikte. Wer einem Angestellten oder Beauftragten als Gegenleistung für eine unlautere Bevorzugung im Geschäftsleben einen Vorteil anbietet oder zukommen lässt, macht sich wegen Bestechung im geschäftlichen Verkehr strafbar. Wer als Angestellter oder Beauftragter einen solchen Vorteil fordert oder annimmt, macht sich wegen Bestechlichkeit strafbar.

Bei Amtsträgern ist allein schon das Anbieten oder die Zuwendung unerlaubter Vorteile im Zusammenhang mit der Dienstausübung unter Strafe gestellt und umgekehrt das Fordern, Versprechen lassen und die Annahme solcher Vorteile. Auf die Absicht einer unerlaubten Bevorzugung kommt es dabei nicht an. Soll die Vorteilszuwendung zu einer pflichtwidrigen Bevorzugung verleiten, liegt erschwerend Bestechung oder Bestechlichkeit vor. Amtsträger müssen nicht zwingend Beamte sein. Wer im Auftrag einer Behörde oder sonstigen Stelle Aufgaben der öffentlichen Verwaltung übernimmt, ist Amtsträger. Amtsträger sind, wie auch Unternehmen, die Aufgaben der öffentlichen Verwaltungen ausführen, förmlich zur Gesetzestreue verpflichtet. Dazu zählen:

* Beschäftigte von kommunalen Versorgungs- oder Infrastrukturunternehmen,
* Beschäftigte von Verkehrsbetrieben,
* Mitarbeiter von Sparkassen (öffentliche Kreditversorgungsaufgabe),
* Prüfingenieure,
* Schornsteinfeger.

Korruption ist nicht nur in Deutschland strafbar. Korruptionshandlungen können auch nach ausländischem Recht verfolgt werden, nämlich nach dem jeweils am Tatort geltenden Recht sowie nach Antikorruptionsgesetzen mit internationalem Geltungsbereich, wie dem US Foreign Corrupt Practices Act oder UK Bribary Act.

Wer in Deutschland vorsätzlich oder fahrlässig Aufsichtsmaßnahmen unterlässt – gemeint sind hier eigentlich Maßnahmen des Compliance-Managements –, die erforderlich sind, um straf- oder bußgeldbedrohte Zuwiderhandlungen zu verhindern, handelt ordnungswidrig. Nach dem Ordnungswidrigkeitengesetz (OWiG) können dann Geldbußen von bis zu 10 Mio. EUR gegen ein Unternehmen und/ oder die mit der Wahrnehmung der Aufsichts- oder Organisationspflichten der Geschäftsleitung beauftragten Personen verhängt werden. Darüber hinaus drohen Gewinnabschöpfung oder -verfall. Neben diesen Strafen und Bußgeldern ist zu beachten, dass die Verwicklung in Korruptionsfällen auch zu Auftragssperren führen kann und zu einem erheblichen Reputationsschaden. Beteiligte Mitarbeiter und Führungskräfte müssen mit Kündigung und Schadensersatzforderungen rechnen. Schon allein die Kosten einer von der Geschäftsleitung freiwillig eingeleiteten Untersuchung zur schnellen Klärung von Verdachtsfällen können erheblich sein.

Praxishinweis
Korruption setzt nicht zwingend voraus, dass tatsächlich Geld fließt. Beispiele für unlautere, d. h. für sachlich nicht gerechtfertigte Vorteile sind: Bevorzugung bei Belieferung, Gewährung eines Informationsvorsprungs bei Ausschreibungen, Auftragserteilung trotz höherem Preis oder schlechterer Qualität, Bevorzugung trotz gleicher Bedingungen wie Wettbewerber.

4.3 Datenschutz

Datenschutz ist ein unverzichtbares Themenfeld eines ordnungsgemäßen und wirksamen Compliance Management Systems in Unternehmen der Immobilienwirtschaft. So wurden beispielsweise nach Recherchen der Frankfurter Allgemeinen Zeitung (vgl. FAZ vom 16.10.2016, abrufbar unter: https://www.faz.net/aktuell/politik/inland/mangelnder-datenschutz-fuer-wohnungssuchende-14484176.html) in Interessenten- und Suchformularen von Wohnungsbaugesellschaften in ganz Deutschland persönliche und sehr sensible Daten erfasst und unverschlüsselt übertragen. Das gilt beispielsweise für Angaben über Einkommen, Arbeitsverhältnisse und Sozialleistungen. „Betroffen" waren mindestens neun Unternehmen mit einem Bestand von insgesamt 230.000 Wohnungen. Wohnungsbaugesellschaften haben nicht nur schon lange geltende Standards unterschritten, sondern auf ihren Webseiten die Einhaltung des Datenschutzes versprochen, obwohl die verwendeten Formulare diese Sicherheitsgarantie nicht halten konnten. Zu den in Webformularen eingegebenen Informationen gehörten hoch sensible personenbezogene Daten wie Einkommen, Arbeitsverhältnis oder Sozialleistungen.

Solchen Verstößen gehen die zuständigen Datenschutzbehörden nach. Für einzelne Unternehmen bedeutet das im Falle des Nachweises eines Verstoßes einen erheblichen Imageverlust. Dieser Imageschaden kann zudem mit hohen Geldbußen verbunden sein. Das Thema ist auch deshalb so sensibel, weil die Kunden und Nutzer natürlich darauf vertrauen, dass die Wohnungsbaugesellschaften die Daten sensibel behandeln.

Waren die datenschutzrechtlichen Anforderungen bereits in der Vergangenheit hoch, so sind sie durch die neue Datenschutzgrundverordnung (DSGVO) noch weitaus höher geworden. Jeder Geschäftsführer oder Vorstand in der Immobilienwirtschaft muss sich fragen, was zu tun ist, um für die DSGVO gewappnet zu sein. Die Antwort klingt einfach: Alle datenschutzrelevanten Prozesse im Unternehmen sollten einer Risikoanalyse unterzogen werden. Gemeint sind alle laufenden und auch abgeschlossenen Prozesse mit Bezug zu personenbezogenen Daten. Hierzu gehören zum Beispiel Arbeitnehmer- oder Kundendaten. Konkret geht es um Angaben wie Namen, Geburtsdaten, Adressen oder Bankverbindungen von einzelnen Personen.

Personenbezogene Daten können vom Betreiber oder Verwalter einer Liegenschaft zum Beispiel mittels eines zentralen Verwaltungsservers von Mietern oder Eigentümern erhoben werden, die ihre Heizung oder Beleuchtung beispielsweise per App vom Smartphone oder sonst per Fernsteuerung ein- und ausschalten. Deren Energieverbrauch wird regelmäßig mittels Smart Meter ausgewertet. Der

Datenfluss läuft dann vom Smartphone oder einem anderen Device über den Verwaltungsserver zum Router des Mieters oder Eigentümers. Der wiederum steuert das Thermostat der Heizung oder die Beleuchtung an. Aus den auf dem Verwaltungsserver gespeicherten personenbezogenen Daten können so Profile über die Heizgewohnheiten oder über die allabendliche Heimkehr der Mieter oder Eigentümer erstellt werden. In all diesen Fällen stellt sich die Frage der datenschutzrechtlichen Zulässigkeit.

Datenschutzrechtlich relevant ist ein Datenverarbeitungsvorgang, wenn die entsprechenden Daten einen Personenbezug aufweisen. Dies trifft auf solche Informationen zu, die sich auf eine identifizierte oder identifizierbare natürliche Person beziehen. Ausgenommen von der datenschutzrelevanten Verarbeitung sind Informationen über juristische Personen (Unternehmen). Für die ermittelten datenschutzrelevanten Vorgänge bedarf es einer Erlaubnis: Das Recht zur Verarbeitung ergibt sich aus einem sogenannten Erlaubnistatbestand oder aus der Einwilligung des Betroffenen. In Unternehmen kann die Rechtsgrundlage der Verarbeitung von Mitarbeiterdaten auch eine Betriebsvereinbarung sein.

Wirksam in eine Verarbeitung einwilligen kann nur, wer vorher vollständig und verständlich informiert wurde. Dies ergibt sich schon aus dem datenschutzrechtlichen Transparenzgebot. Datenverarbeitung ist nur rechtmäßig, wenn der Betroffene die Einwilligung in die Verarbeitung seiner personenbezogenen Daten konkret für einen oder mehrere bestimmte Zwecke abgegeben hat. Daraus folgt, dass er den Zweck oder die Zwecke vor Abgabe der Einwilligung kennen muss. Dies gilt beim sogenannten Profiling, also jeder Art der automatisierten Verarbeitung personenbezogener Daten, die verwendet werden, um persönliche Aspekte natürlicher Personen zu bewerten. Hier geht es um Aspekte des Verhaltens, des Aufenthaltsorts oder eines Ortswechsels der natürlichen Person. Diese Daten zu analysieren und zur Prognose zu verwenden, bezeichnet man als Profiling. Wer die Möglichkeiten der Vernetzung von Thermostaten, Beleuchtungsanlagen und sonstigen Haushaltsgeräten mit dem Internet nutzen möchte, braucht eine Einwilligungserklärung und muss umfangreich und verständlich über sein Vorgehen informieren. Dasselbe gilt, wenn Vermieter oder Verwalter sich im Rahmen „grüner" Verträge („Green Lease") dazu verpflichten, „intelligente" Verbrauchserfassungsgeräte zu installieren, um die Umweltfreundlichkeit und nachhaltige Nutzung und Bewirtschaftung eines Objekts zu erhöhen.

Weitere Regelungen der DSGVO sind zu beachten. Sobald der Verantwortliche Verfahren der automatisierten Entscheidung (sogenanntes „Scoring") einschließlich Profiling durchführt, muss er die Betroffenen informieren – natürlich auch über die besondere Tragweite und die angestrebten Auswirkungen solcher Verfahren.

Die DSGVO erlegt den Verantwortlichen umfangreiche Dokumentationspflichten auf. Verantwortliche müssen dokumentieren, dass sie alle Grundprinzipien des Datenschutzes einhalten. Außerdem müssen Verantwortliche ein Verzeichnis aller Verarbeitungstätigkeiten führen. Bestandteil sind hier unter anderem die Kategorien der erhobenen Daten, der Zweck der Verarbeitung, Löschfristen und die zum Schutz der Daten getroffenen technischen und organisatorischen Maßnahmen. Die Dokumentationspflichten sollen Verantwortliche in die Lage versetzen, jederzeit die Betroffenenrechte auf Auskunft, Berichtigung, Löschung und Einschränkung der Verarbeitung zu gewährleisten.

Praxishinweis
Die folgende Checkliste kann bei der Erstaufnahme des datenschutzrechtlichen Status-Quo unterstützen:

- Wo sind personenbezogene Daten gespeichert?
- Wer hat Zugriff auf personenbezogene Daten?
- Welche Mitarbeiter haben überall Zugriff?
- Welcher Mitarbeiter hat worauf Zugriff?
- Welche sind die besonders sicherheitsrelevanten Gruppen? Welche Daten beinhalten diese Gruppen und wer ist Mitglied?
- Verfügt das Unternehmen über ein verständliches Reporting hinsichtlich der Zugriffsrechte?

4.4 Geldwäsche

Laut einer Dunkelfeldstudie über den Umfang der Geldwäsche in Deutschland und über die Geldwäscherisiken in einzelnen Wirtschaftssektoren von Prof. Bussmann/Universität Halle (vgl. Bussmann 2015) eignen sich Investitionen in Immobilien in besonderer Weise zur Geldwäsche. Im Rahmen der Studie wird die Immobilienbranche dem Nichtfinanzsektor zugerechnet. Auf diesen Bereich entfallen nach der Studie circa 28.000 Verdachtsfälle pro Jahr. Dies entspreche einem Volumen von 30 Mrd. EUR. Nach der Studie berichtete jeder zehnte Befragte von den 150 befragten Immobilienmaklern über mindestens einen Fall aus den letzten zwei Jahren, bei dem der Kaufpreis in bar entrichtet werden sollte, und jeder fünfte Befragte erlebte im Rahmen seiner Vermittlertätigkeit „ungewöhnlich kurzfristige Eigentümerwechsel".

Der Immobilienmarkt in Deutschland hatte 2016 ein Volumen von 237,5 Mrd. EUR. Alleine wegen seiner Größe bietet er ein großes Potenzial für

Geldwäsche. Im Immobilienbereich findet Geldwäsche auf vielen Wegen statt – von Bau über Sanierung bis hin zu Kauf, Verkauf und Miete. In den letzten Jahren strömte vermehrt ausländisches Geld in den deutschen Markt. Im Jahr 2017 kamen laut dem Verband Deutscher Pfandbriefbanken 30,2 Mrd. EUR von ausländischen Investoren. Dies machte die Hälfte aller Geschäfte über 10 Mio. EUR aus (vgl. Transparency International Deutschland e. V. 2018, S. 4). Nach Ansicht der Bundesregierung ist die Immobilienwirtschaft besonders anfällig für Geldwäsche. Aufgrund hoher Transaktionsvolumina handele es sich um einen Sektor mit herausgehobenem Risiko: „Die in diesem Bereich regelmäßig vorhandene Wertstabilität eröffnet die Möglichkeit, insbesondere hohe Bargeldsummen zu platzieren" (vgl. Antwortschreiben der Bundesregierung vom 20.06.2018 auf eine kleine Anfrage der Fraktion Bündnis 90/Die Grünen, 19/1956).

Geldwäsche gehört damit unzweifelhaft zu den besonders relevanten Compliance-Themenfeldern für die Immobilienwirtschaft. Es ist relativ leicht, Geld aus zweifelhafter Quelle mithilfe von Immobiliengeschäften reinzuwaschen. Viele Immobilienkäufe führen ins Ausland, entweder aus der EU heraus oder über verschiedene EU-Länder. Die Geldtransfers lassen sich dadurch nur schwer nachvollziehen. Vermutet werden kann, dass zahlreiche Verdachtsfälle gar nicht erst gemeldet werden, da der Meldung erhebliche wirtschaftliche Interessen entgegenstehen und das Entdeckungsrisiko eines Meldeverstoßes generell als eher gering eingestuft wird (vgl. Buchelt 2018, S. 380).

Bezüglich des Kampfes gegen Geldwäsche verweist die Bundesregierung vor allem auf die kürzlich abgeschlossenen Verhandlungen zur 5. EU-Geldwäsche-Richtlinie. Auf nationaler Ebene werden im Rahmen einer Risikoanalyse u. a. das Geldwäsche- und Terrorismusfinanzierungsrisiko im Immobiliensektor untersucht. Dabei werden auch die Berufsfelder von Immobilienmaklern, Bauträgern, Architekten und Notaren unter die Lupe genommen. Die Ergebnisse der nationalen Risikoanalyse sollen im Sommer 2019 vorliegen. Darüber hinaus will die Bundesregierung die geldwäscherechtliche Aufsicht im Immobiliensektor weiter stärken. Wie aus ihrer Antwort weiter hervorgeht, gab es im Jahr 2016 in fast 7 % von 563 erfassten Verfahren organisierter Kriminalität Geldwäscheaktivitäten mittels Investitionen in Immobilien.

Das Geldwäschegesetz (GwG) findet auch Anwendung auf Güterhändler und Makler: Ein Güterhändler im Sinne des Geldwäschegesetzes ist jede Person, die gewerblich Güter veräußert, unabhängig davon, in wessen Namen oder auf wessen Rechnung sie handelt (§ 1 Abs. 9 GwG). Güterhändler sind Verpflichtete nach dem Geldwäschegesetz (§ 2 Abs. 1 Nr. 16 GwG) und haben daher bestimmte Mitwirkungspflichten zu erfüllen. Ein Immobilienmakler im Sinne des Geldwäschegesetzes ist jede

Person, die gewerblich den Kauf oder Verkauf von Grundstücken oder grundstücksgleichen Rechten vermittelt (§ 1 Abs. 11 GwG). Vermietungsmakler unterfallen nicht dem geldwäscherechtlichen Immobilienmaklerbegriff. Immobilienmakler sind Verpflichtete nach § 2 Abs. 1 Nr. 14 GwG und haben daher auch bestimmte Mitwirkungspflichten nach dem Geldwäschegesetz zu erfüllen.

Mit der Umsetzung der Änderungen der vierten EU-Geldwäsche-Richtlinie in der Geldwäsche- und Terrorismusbekämpfung hat der Gesetzgeber erneut das Geldwäschegesetz verschärft. Zu beachten ist, dass das Geldwäschegesetz nicht erst greift, wenn ein konkreter Verdacht auf Geldwäsche besteht. Vielmehr hat das Gesetz vorbeugenden Charakter. So sollen Geldwäsche oder Terrorismusfinanzierung von Anfang an verhindert werden. Aus diesem Grund verpflichtet der Gesetzgeber auch Immobilienmakler dazu, ein geeignetes Risikomanagement einzuführen. Die Anforderungen an ein Risikomanagement werden in § 4 GwG beschrieben. Zur Verhinderung von Geldwäsche und von Terrorismusfinanzierung müssen Verpflichtete i. S. des GwG über ein wirksames Risikomanagement verfügen. Es umfasst die Erstellung einer Risikoanalyse und die Schaffung von internen Sicherungsmaßnahmen (§ 5 GwG). Verpflichtete im Sinne des GwG haben die Risiken der Geldwäsche und Terrorismusfinanzierung zu ermitteln und zu bewerten, die für die von ihnen betriebenen Geschäfte von Relevanz sind. Der Umfang der Risikoanalyse richtet sich dabei nach der Art und dem Umfang der Geschäftstätigkeit. In Anlage 2 des Geldwäschegesetzes werden Risikofaktoren genannt, welche von besonderer Bedeutung sind und auf deren Vorliegen bzw. Auftreten besonders geachtet werden sollte. Verpflichtete haben die Risikoanalyse zu dokumentieren und regelmäßig auf ihre Aktualität zu prüfen, um gegebenenfalls Anpassungen vornehmen zu können.

Die nach GwG erforderlichen internen Sicherungsmaßnahmen werden in § 6 GwG beschrieben. Verlangt werden Ausarbeitungen von internen Grundsätzen, Verfahren und Kontrollen. Ziel dieser Maßnahmen ist es, alle relevanten Risiken im Unternehmen zu erkennen, sie zu steuern und zu minimieren.

Besonders relevant für Immobilienmakler ist darüber hinaus die Verpflichtung, die Vertragsparteien eines Immobilienkaufvertrages zu identifizieren. Dies hat zu erfolgen, sobald der Vertragspartner eines Immobilienmaklers ein ernsthaftes Interesse am Abschluss eines Immobilienkaufvertrages äußert und die Kaufvertragsparteien bestimmt sind. Von einem ernsthaften Kaufinteresse ist spätestens dann auszugehen, wenn eine der Kaufvertragsparteien von der anderen Kaufvertragspartei (gegebenenfalls über Dritte) den Kaufvertrag erhalten hat.

Auch für Güterhändler gilt die Verpflichtung zur Identifizierung des Geschäftspartners und des wirtschaftlich Berechtigten bei Bartransaktionen ab 10.000 EUR oder bei Verdachtshinweisen sowie zur Meldung an das Transparenzregister.

Dieser Identifikationspflicht liegt das sogenannte „KYC-Prinzip" zugrunde. Unter dem Know-Your-Customer-Prinzip (engl. für „Lerne Deinen Kunden kennen") wird die verpflichtende Prüfung der persönlichen Daten und Geschäftsdaten von Neukunden eines Kreditinstituts zur Prävention vor Geldwäsche und Terrorismusfinanzierung verstanden. Grundlage für die (KYC)-Verpflichtung europäischer Finanzunternehmen ist Artikel 8 der 3. EU-Geldwäsche-Richtlinie.

Je nach Fall können erhöhte oder vereinfachte Sorgfaltspflichten zur Geldwäscheprävention und Verhinderung der Terrorismusfinanzierung bestehen. Zu den auch für die betroffenen Unternehmen der Immobilienwirtschaft relevanten Pflichten gehören insbesondere:

- die Identifizierungspflicht bei Barbeträgen ab 10.000 EUR,
- die Speicherung der Daten für fünf Jahre,
- die Meldepflicht von Verdachtsfällen auf Geldwäsche sowie
- die Schulung der Mitarbeiter der Immobilienunternehmen über Geldwäsche und Betrugshandlungen.

Um die Einhaltung der neuen gesetzlichen Vorgaben sicherzustellen, wurde der Bußgeldrahmen für Verstöße gegen das GwG stark erhöht. Konnte früher ein Bußgeld von höchstens 100.000 EUR verhängt werden, sind nun Bußgelder bis zum Zweifachen des durch den Verstoß erlangten wirtschaftlichen Vorteils (maximal 1 Mio. EUR) möglich.

Praxishinweis
Jedes Immobilienunternehmen muss selbst dafür sorgen, dass es nicht zur Geldwäsche missbraucht wird. Ein Missbrauch kann nicht nur zu erheblichen Bußgeldern, sondern auch zu Imageverlusten führen. Um dem vorzubeugen empfiehlt sich die Implementierung eines wirksamen CMS. Über das konkrete Ziel der Sicherstellung der Einhaltung der Anforderungen des GwG hinaus sollte hierbei die Entwicklung einer starken Compliance-Kultur im Unternehmen im Vordergrund stehen, sodass die Mitwirkung an der Reduktion von Compliance-Risiken zur selbstverständlichen Aufgabe aller Mitarbeiter wird.

Zunächst betrachten viele Unternehmen der Immobilienwirtschaft ein CMS zwar als ein bürokratieförderndes und die betrieblichen Abläufe störendes System, das eher blockiert als voranbringt. Auf den zweiten Blick ergeben sich allerdings bei einer tendenziell auch zukünftig weiter zunehmenden Gefährdungslage viele Vorteile für immobilienwirtschaftliche Unternehmen, die eine starke Compliance-Kultur entwickelt haben.

4.5 Steuerrecht (Tax Compliance)

Die Komplexität des deutschen Steuerrechts hat in den letzten Jahren weiter zugenommen. Unternehmen haben immer neue und umfangreichere Abführungs-, Aufzeichnungs-, Mitteilungs- und Nachweispflichten zu erfüllen. Bei Verstößen drohen teils empfindliche Strafen. Manager geraten zunehmend in den Fokus der Verfolgungsbehörden. Schnell geraten sie in den Verdacht der Steuerhinterziehung.

Nach § 69 Abgabenordnung (AO) haften die gesetzlichen Vertreter einer Gesellschaft, also deren Geschäftsführer und Vorstände, für vorsätzlich oder fahrlässig verkürzte Steuern – im Klartext für Steuerhinterziehung. Die Strafen und Bußgelder sind hoch und nicht selten existenzgefährdend. Wird der Fehler allerdings rechtzeitig durch das Management berichtigt, kann eine Haftung in vielen Fällen vermieden werden.

Unternehmen sind zwar nicht gesetzlich zur Einrichtung eines internen Kontrollsystems zur Erfüllung ihrer Steuerpflichten verpflichtet. Das Bundesministerium für Finanzen (BMF) hat sich jedoch kürzlich sehr detailliert zu dieser Frage geäußert. Konkret heißt es in Teilziffer 2.6 des BMF-Schreibens vom 23.05.2016 zu § 153 AO: „Hat der Steuerpflichtige ein innerbetriebliches Kontrollsystem eingerichtet, das der Erfüllung der steuerlichen Pflichten dient, kann dies gegebenenfalls ein Indiz darstellen, dass gegen das Vorliegen eines Vorsatzes oder der Leichtfertigkeit sprechen kann. Dies befreit jedoch nicht von einer Prüfung des jeweiligen Einzelfalls."

Ausführungen zur konkreten Ausgestaltung des „innerbetrieblichen Kontrollsystems" enthält das o. a. BMF-Schreiben nicht. Deutlicher wird das BMF im Zusammenhang mit den besonderen Anforderungen an die Ausgestaltung eines internen Kontrollsystems, die Unternehmen beim Einsatz einer elektronischen Buchführung zu beachten haben. Das BMF-Schreiben vom 14.11.2014 zu den „Grundsätzen zur ordnungsmäßigen Führung und Aufbewahrung von Büchern, Aufzeichnungen und Unterlagen in elektronischer Form sowie zum Datenzugriff" (GoBD) fordert in diesem Zusammenhang beispielsweise die Einrichtung von Zugangs- und Zugriffsberechtigungskontrollen, Funktionstrennungen sowie Verarbeitungskontrollen, die zudem in Form einer Verfahrensdokumentation beschrieben werden müssen (vgl. Abschn. 6, Rdnr. 100–102).

Das Institut für Wirtschaftsprüfer definiert den Begriff „innerbetriebliches Kontrollsystem" als den Teilbereich eines CMS, welcher unter Berücksichtigung von rechtlichen und betriebswirtschaftlichen Grundsätzen auf die Einhaltung steuerlicher Vorschriften gerichtet ist. Unter einem Tax Compliance Management System (Tax-CMS) wird ein abgegrenzter Teilbereich eines CMS verstanden, dessen Zweck die vollständige und zeitgerechte Erfüllung steuerlicher Pflichten ist. Durch die Implementierung eines wirksamen Tax-CMS soll sichergestellt werden, dass alle relevanten Steuergesetze eingehalten und alle steuerlichen Pflichten, wie die fristgerechte und korrekte Abgabe von Voranmeldungen und Erklärungen, erfüllt werden. Dabei ist zu beachten, dass die jeweils einschlägigen Vorschriften und Pflichten in Abhängigkeit des Landes der unternehmerischen Aktivität, der Rechtsform, der Organisation etc. sehr stark variieren können (vgl. hierzu vertiefend die Praxisberichte in IDW Hrsg. 2017d).

Praxishinweis
Zwar besteht gegenwärtig noch keine gesetzlich statuierte Pflicht zur Implementierung eines Tax-CMS. Grundsätzlich gilt aber: Um Haftungsrisiken zu minimieren, sollte der Hinweis im BMF-Schreiben vom 23.05.2016 ernstgenommen und ein angemessenes Tax-CMS eingerichtet werden. Über eine mögliche Enthaftungswirkung und die Reduktion von Reputationsrisiken hinaus bietet ein wirksames Tax-CMS folgende weitere Vorteile:

- Ein Tax-CMS trägt zur Steuerminimierung bei.
- Mit Blick auf die zunehmende Exportorientierung kann ein Tax-CMS die Risiken, die aus steigenden Anforderungen aus den Bereichen Betriebsstätten, Verrechnungspreise und Umsatzsteuer resultieren, minimieren.
- Aufgrund der stetig wachsenden steuerlichen Anforderungen ist davon auszugehen, dass die Zahl von Kunden und Lieferanten ansteigen wird, die von ihren Kunden bzw. Lieferanten ihrerseits den Nachweis eines wirksamen Tax-CMS verlangen werden.

Die Implementierung eines Tax-CMS unterscheidet sich nur darin von der Implementierung eines ganzheitlichen CMS, dass ein Tax-CMS allein auf die steuerrechtlichen Anforderungen abgestellt ist. Es bietet sich jedoch an, sämtliche relevante Compliance-Themenfelder auf der Grundlage von einheitlichen Grundsätzen im Rahmen eines unternehmensübergreifenden CMS zu adressieren.

Compliance Management System – Ausgestaltung und relevante Standards

5

5.1 Einführung

Unter einem Compliance Management System (CMS) wird die Gesamtheit aller organisatorischen Maßnahmen verstanden, die eine möglichst weitgehende Einhaltung von externen Vorgaben und internen Regeln und damit einen angemessenen Schutz von Compliance-Risiken sicherstellen sollen.

Im Hinblick auf die konkrete Ausgestaltung eines CMS hat in Deutschland die Immobilienwirtschaft durch die Veröffentlichung des Leitfadens Wertemanagement sowie des Compliance-Pflichtenhefts des ICG im Jahr 2008 eine Vorreiterfunktion eingenommen.

Jenseits der Immobilienwirtschaft haben sich Deutschland Good Practices in Folge des vom Institut der Wirtschaftsprüfer (IDW) im Jahr 2011 veröffentlichten Prüfungsstandards 980 zur ordnungsgemäßen Prüfung von Compliance Management Systemen entwickelt. Über seine ursprüngliche Bestimmung als Prüfungsstandard hinaus, hat der IDW PS 980 in der Unternehmenspraxis inzwischen breite Akzeptanz als grundlegendes Orientierungsmodell für den Aufbau und die Weiterentwicklung eines CMS gefunden.

Große Bedeutung in der Praxis hat inzwischen auch der im Jahr 2014 veröffentlichte internationale Standard ISO 19600 „compliance management systems" erhalten. Er enthält vielfältige Hinweise und Empfehlungen für die angemessene Ausgestaltung eines CMS. Zudem besteht bei dem Standard ISO 19600 die Möglichkeit einer internationalen Zertifizierung.

© Springer Fachmedien Wiesbaden GmbH, ein Teil von Springer Nature 2019
P. Fissenewert und M. Wendt, *Compliance Management in der Immobilienwirtschaft*, essentials, https://doi.org/10.1007/978-3-658-25895-5_5

5.2   CMS gemäß IDW PS 980

Der IDW PS 980 orientiert sich hinsichtlich der Ausgestaltung eines CMS an den in Abb. 5.1 dargestellten sieben Grundelementen, die von einem wirksamen Compliance Management System in angemessener Weise abgedeckt und umgesetzt werden sollten: Compliance-Kultur (1), Compliance-Ziele (2), Compliance-Risiken (3), Compliance-Organisation (4), Compliance-Programm (5), Compliance-Kommunikation (6) sowie Compliance-Überwachung und -Verbesserung (7). Hinsichtlich der Umsetzung der sieben Grundelemente macht der Prüfungsstandard bewusst wenig Vorgaben, damit der jeweiligen Größe und Branche einer Organisation flexibel Rechnung getragen werden kann.

Der zentrale Fokus eines CMS liegt auf der Stärkung der **Compliance-Kultur (1)**. Hierbei handelt es sich um einen Teilbereich der Unternehmenskultur bzw. um eine spezifische Perspektive auf das umfassende Phänomen Unternehmenskultur. Für die Leitungsgremien in immobilien-wirtschaftlichen Unternehmen sollte bei der Einführung und beim laufenden Betrieb eines CMS das Ziel der Entwicklung einer starken Compliance-Kultur im Vordergrund stehen. Angestrebt werden sollte eine Unternehmenskultur, welche die Einhaltung von externen Vorgaben und internen Regeln sowie die Ausrichtung aller Aktivitäten auf eine effektive Umsetzung der Unternehmensziele und damit eine nachhaltige Unternehmensführung fördert. Dabei geht es gerade nicht um einen weiteren Ausbau eines formalistischen Regelwerks mit der Folge einer verstärkten

Abb. 5.1 Elemente eines Compliance Management Systems nach IDW PS 980. (Eigene Darstellung)

Bürokratisierung, sondern vor allem um ein vorbildhaftes Verhalten der Mitglieder der Leitungsgremien („Tone from the Top") und der Führungskräfte („Tone from the Middle").

Compliance-Ziele (2) sind die für eine Organisation besonders relevanten Compliance-Themenfelder. Für Unternehmen der Immobilienwirtschaft sind in der Praxis die Themenfelder „Antikorruption", „Datenschutz", „Geldwäsche" sowie „Steuerrecht" besonders relevant (vgl. die inhaltliche Darstellung dieser Themenfelder in Abschn. 4).

Unter **Compliance-Organisation (3)** werden die in einer Organisation vergebenen Aufgaben und Zuständigkeiten für den Betrieb eines CMS verstanden. Wichtig ist die Einsetzung eines Compliance-Beauftragten als zentraler Ansprechpartner für die Mitarbeiter in allen die Compliance betreffenden Fragestellungen. In größeren Unternehmen werden vielfach zusätzlich dezentrale Compliance-Manager benannt. Zur unternehmensübergreifenden Koordination wird in der Regel ein Compliance-Komitee mit Vertretern aus den besonders relevanten Fachbereichen eingesetzt.

Das für die Wirksamkeit eines CMS zentrale Element **Compliance-Risiken (4)** umfasst die in einer Organisation implementierte Verfahrensweise zur initialen sowie zur regelmäßigen Analyse, Erhebung und Bewertung der Compliance-Risiken (Compliance Risk Assessment).

Unter einem **Compliance-Programm (5)** werden die verschiedenen Instrumente, internen Richtlinien und sonstigen Maßnahmen verstanden, mit denen die identifizierten Compliance-Risiken adressiert werden. Ein zentrales Element des Compliance-Programms ist ein für Führungskräfte und Mitarbeiter gleichermaßen verbindlicher Verhaltenskodex. Zum Compliance-Programm zählen auch der Betrieb eines Hinweisgebersystems sowie die Maßnahmen zur Schulung und Sensibilisierung der Mitarbeiter in Form von Präsenzschulungen und/oder E-Learning.

Als **Compliance-Kommunikation (6)** werden die an die Gremien, Mitarbeiter und sonstigen Stakeholder eines Unternehmens gerichteten Maßnahmen zur Kommunikation des Themas Compliance bezeichnet.

Unter **Compliance-Überwachung und -Verbesserung (7)** werden die Maßnahmen zur Überprüfung der Angemessenheit und Wirksamkeit des CMS verstanden. Eine explizite gesetzliche Verpflichtung zur Etablierung einer Internen Revision besteht nach deutschem Recht gegenwärtig nur für Kapitalanlagegesellschaften, Kreditinstitute und Versicherungsunternehmen. Sofern eine Interne Revision besteht, sollte diese in regelmäßigen Abständen auch das CMS prüfen. Der Nutzen von risikoorientiert durchgeführten Prüfungen der wesentlichen Prozesse eines immobilien-wirtschaftlichen Unternehmens kann beträchtlich sein. Auf der Grundlage einer risikoorientierten Prüfungsplanung und angemessenen

Revisionsprozessen ist es auch in kleineren Unternehmen der Immobilienwirtschaft möglich, durch gezielte Einbindung von externen Spezialisten im Rahmen von internen Revisionsprüfungen mit überschaubarem Aufwand sowohl die Entwicklung einer starken Compliance- und Transparenzkultur zu fördern als auch wertvolle Impulse für die Weiterentwicklung der eigenen Geschäfts- und Unterstützungsprozesse zu generieren.

5.3 CMS gemäß Compliance-Pflichtenheft des ICG

Die in Abb. 5.2 dargestellten Bausteine und Module des Compliance-Pflichtenhefts des ICG entsprechen inhaltlich im Wesentlichen den Elementen eines CMS nach IDW PS 980.

Zentraler Ausdruck der Selbstbindung eines Unternehmens und damit zugleich Basis für ein den Anforderungen des Compliance-Pflichtenhefts des ICG entsprechenden CMS ist die Grundwerteerklärung (Baustein1/Modul 1). In dieser Anforderung kommt die Überzeugung zum Ausdruck, dass die nachhaltige Wirksamkeit eines CMS eine Verankerung in den grundlegenden Unternehmenswerten erfordert. Das CMS wird somit verstanden als ein Teilbereich des umfassenden Wertemanagementsystems eines Unternehmens (vgl. Wieland 2004). Die Hervorhebung der Bedeutung einer Grundwerteerklärung kennzeichnet auch das Wertemanagementkonzept der deutschen Bauwirtschaft (vgl. EMB-Wertemanagement Bau e. V. 2007, S. 15–17).

Baustein 1: Grundwerte-erklärung	Modul 1: Grundwerteerklärung Modul 2: Verhaltensstandards
Baustein 2: Compliance-Risikoanalyse	Sicherstellung der Einbindung der für die Immobilienbranche typischen Compliance-Risiken in ein Verfahren zur systematischen Risikoerkennung- und –berichterstattung.
Baustein 3: Verbindlichkeit	Modul 1: Leitlinien (Policies) & Verfahren (Procedures) Modul 2: Training Modul 3: Compliance im Personalmanagement Modul 4: Compliance Management als Führungsaufgabe
Baustein 4: Kommunikation	Modul 1: Interne und ext. Kommunikation Modul 2: Transparenz
Baustein 5: Monitoring	Modul 1: Compliance-Organisation Modul 2: Regelmäßige interne Überprüfung Modul 3: Externe Auditierung/Zertifizierung

Abb. 5.2 Elemente eines CMS nach Compliance-Pflichtenheft des ICG. (Eigene Darstellung)

Eine ähnlich zentrale Funktion wie der Grundwerteerklärung kommt im Rahmen des IDW PS 980 dem Element „Compliance-Kultur" zu. Es verweist auf die Verbindung des CMS mit der umfassenden Organisationskultur eines Unternehmens und betont die Bedeutung einer starken Compliance-Kultur für die Wirksamkeit eines CMS. Nach dem weltweit verbreiteten Drei-Ebenen-Modell der Organisationskultur von E.H. Schein (vgl. Abb. 3.5) bilden die Werte eine der drei Ebenen der Organisationskultur (neben den Artefakten und den Grundannahmen).

Nach dem Compliance-Pflichtenheft des ICG sollen bei der Umsetzung des CMS auch die vom ICG veröffentlichten segmentspezifischen Empfehlungen sowie die übrigen professionellen Standards der Immobilienwirtschaft berücksichtigt und in einer für das jeweilige Unternehmen angemessenen Weise umgesetzt werden (vgl. ICG 2014a, S. 3). Bislang sind vom ICG folgende segmentspezifische Empfehlungen zum Compliance Management veröffentlicht worden:

1. Compliance-Risiken in der Immobilienwirtschaft, im: Fokus: Dolose Handlungen (2014);
2. Risikoübersicht Datenschutz und IT-Sicherheit (2017).

5.4 CMS gemäß ISO 19600

Bei dem im Jahr 2014 veröffentlichten ISO Standard 19600 „compliance management systems" handelt es sich nicht um einen Prüfungsstandard. Vielmehr enthält er, strukturiert in die in der Abb. 5.3 dargestellten Elemente, zahlreiche für die Implementierung und die kontinuierliche Verbesserung eines CMS hilfreichen Praxishinweise.

Mit ISO 19600 sollen die Standards im Compliance-Management internationalisiert werden – und zwar weltweit. Als grenz- und branchenübergreifendes Regelwerk soll die Norm für international einheitliche Rahmenbedingungen bei der Einrichtung und Implementierung von CMS in verschiedensten Organisationstypen sorgen. Der 34 Seiten umfassende Standard basiert auf den Prinzipien guter Unternehmensführung, Verhältnismäßigkeit, Transparenz und Nachhaltigkeit und legt Wert auf eine höchst flexible Anwendung.

Die Norm ISO 19600 gehört zu dem Bereich der Managementsysteme, für deren Ausgestaltung die ISO eine einheitliche Struktur vorgegeben hat. Es handelt sich hier um eine sogenannte „High Level Structure" mit identischen Textbausteinen, gemeinsamen Begriffen und Definitionen. Wer sich also mit ISO

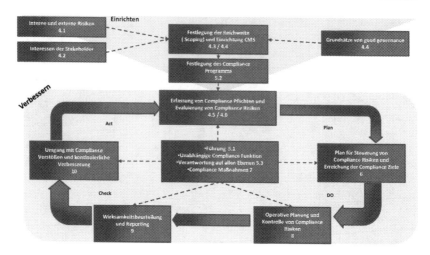

Abb. 5.3 Elemente eines Compliance Management Systems nach ISO 19600. (Eigene Darstellung)

auskennt, wird sich auch in ISO 19600 schnell zurechtfinden (vgl. hierzu die ausführliche Darstellung in Fissenewert 2015). Die Regeln zur „High Level Structure" und die Textbausteine sind auch als öffentliche Informationen zugänglich. ISO 19600 basiert auf dem sogenannten PDCA-Modell (Plan>Do>Check>Act). Der PDCA-Zyklus besteht aus vier Elementen:

1. **Plan:** Der jeweilige Prozess muss vor seiner eigentlichen Umsetzung geplant werden. Dabei umfasst Plan das Erkennen von Verbesserungspotenzialen, die Analyse des Istzustandes sowie die Entwicklung eines neuen Konzeptes.
2. **Do:** Do bedeutet nicht das eigentliche „Tun", sondern Ausprobieren bzw. Testen und praktische Optimieren des Konzepts mit schnell realisierbaren, einfachen Mitteln an einem einzelnen Arbeitsplatz.
3. **Check:** Check bedeutet die Überprüfung der im kleinen realisierten Prozessabläufe und seiner Resultate und bei Erfolg die Freigabe für die Umsetzung auf breiter Front als Standard.
4. **Act:** In der Act-Phase wird der neue Standard auf breiter Front eingeführt, festgeschrieben und regelmäßig auf Einhaltung im Rahmen von Audits überprüft.

Das ISO 19600 zugrunde liegende Modell enthält im Wesentlichen zwei Phasen: Die Frühphase, welche im Einrichten des Systems besteht, und die Spätphase, welche im Betrieb des Systems besteht. In der ersten Phase werden Ziele und Anwendungsbereiche des Compliance-Management-Systems im Unternehmen festgelegt, wobei die Prinzipien von Good Governance und die Interessen aller Beteiligten zu berücksichtigen sind. Auf dieser Basis wird die Compliance-Policy im Unternehmen definiert. Die Schnittstelle zur zweiten Phase stellt der risikobasierte Ansatz dar, welcher die Compliance-Risiken und -Verpflichtungen identifizieren soll. Im Mittelpunkt des weiteren Prozesses stehen dann die Zuweisung von Zuständigkeiten sowie die Errichtung der CMS-Leitung und sonstiger fördernder Funktionen. Das ist eben die Entwicklung (Development), Umsetzung (Implementation), Evaluierung (Evaluation) und Aufrechterhaltung (Maintenance) des CMS, also der Basis des PDCA-Zyklus.

Der wesentliche Vorteil von ISO 19600 ist eben der, dass er internationale Anerkennung findet. Die Norm hat internationale und branchenübergreifende Geltung („organizations"), d. h. der Anwendungsbereich reicht von Unternehmen, über Verbände bis hin zu Behörden und sonstigen Organisationsformen.

Zentrale Handlungsfelder des Compliance Managements

6

6.1 Einführung

Von den zahlreichen operativen Themen des Compliance Managements in Unternehmen der Immobilienwirtschaft können im Rahmen dieses kompakten Buches nur einige zentrale Handlungsfelder kurz skizziert werden. Den ausgewählten Handlungsfeldern ist gemeinsam, dass ihnen in besonderer Weise innewohnende Potenzial, einen Beitrag zur Stärkung der Compliance-Kultur bzw. zur Stärkung der unternehmensweiten Wirksamkeit der Grundwerte zu leisten. Mit der Zielsetzung, Hinweise zur Ermöglichung der Entfaltung dieses Potenzials in der Praxis abzuleiten, werden im Folgenden folgende Handlungsfelder dargestellt:

- Entwicklung einer starken Compliance-Kultur,
- Durchführung von Compliance Risk Assessments,
- Bausteine eines Schulungs- und Trainingskonzeptes,
- Compliance-Kontrollkonzept und Interne Revision.

6.2 Entwicklung einer starken Compliance-Kultur

Die Entwicklung einer starken Compliance-Kultur ist zentral für die Wirksamkeit eines Compliance Management Systems (vgl. Wendt 2016, S. 276–277). Im Rahmen des IDW PS 980 wird die Bedeutung der Compliance-Kultur besonders hervorgehoben (vgl. Institut der Wirtschaftsprüfer 2011, Tz. 23). Gemäß IDW PS 980 wird die Compliance-Kultur eines Unternehmens im Wesentlichen bestimmt durch den gelebten Wertekanon des Unternehmens und seiner Mitarbeiter sowie den gesamtgesellschaftlichen Kontext, in dem sich das Unternehmen bewegt (vgl.

© Springer Fachmedien Wiesbaden GmbH, ein Teil von Springer Nature 2019
P. Fissenewert und M. Wendt, *Compliance Management in der Immobilienwirtschaft*, essentials, https://doi.org/10.1007/978-3-658-25895-5_6

Institut der Wirtschaftsprüfer 2011, Tz. A14). Des Weiteren wird die Compliance-Kultur vor allem durch die Grundeinstellungen und Verhaltensweisen des Topmanagements sowie durch die Rolle des Aufsichtsorgans („Tone from the Top") geprägt (vgl. IDW 2011, Tz. 23).

Compliance-Kultur kann als das Ergebnis einer fortlaufenden Kommunikation von Organisationsmitgliedern mit individuellen und kollektiven Annahmen, Einstellungen und Verhaltensmustern angesehen werden. Diese Kommunikation bestimmt über das Engagement für das Compliance-Programm einer Organisation sowie über dessen Leistungsfähigkeit und Wirksamkeit. Kennzeichnend für Organisationen mit einer starken Compliance-Kultur ist eine Kommunikation, die auf einer gemeinsamen Auffassung bezüglich der großen Bedeutung der Einhaltung von Compliance-Anforderungen und auf dem Vertrauen in die Effizienz präventiver Maßnahmen gründet (vgl. Wendt 2016, S. 295).

Bestandteile der Compliance-Kultur sind die definierten und gelebten Werte und unternehmens-kulturellen Leitlinien eines Unternehmens. Die Einführung oder Weiterentwicklung eines Verhaltenskodex kann hierbei hilfreich sein. Entscheidend sind jedoch der „Tone from the Top" und der „Tone from the Middle", die glaubhaft kommunizierte, auf Einhaltung von Compliance-Anforderungen und Unternehmensintegrität ausgerichtete und insoweit vorbildliche Haltung des Topmanagements und des Mittelmanagements.

Bei einer Veränderung der Compliance-Kultur handelt es sich um einen Prozess, der erhebliche Widerstände bei den betroffenen Mitarbeitern auslösen kann, denn das Gelingen eines Kulturveränderungsprozesses erfordert, dass die Mitarbeiter ihre gewohnten Verhaltensweisen verlernen und neue Verhaltensweisen erlernen. Erschwerend kommt hinzu, dass eine Veränderung der Unternehmenskultur nicht direkt durch von der Geschäftsführung vorgegebene Maßnahmen bewirkt werden kann. Vielmehr handelt es sich bei der Veränderung der Unternehmenskultur um einen evolutionären, langfristigen angelegten Prozess.

Zunächst geht es immer darum, dass das Topmanagement klare und nachvollziehbare Aussagen trifft. Diese sollten von entsprechenden Schulungsmaßnahmen für die mittleren Führungskräfte sowie von unternehmensweiten Kommunikationsmaßnahmen flankiert werden, um eine möglichst breite Streuung und Bekanntheit innerhalb des Unternehmens zu erzeugen. Glaubwürdige Aussagen in Bezug auf die Anwendung der Leitlinien auf alle Mitarbeiter und konsequente, angemessenes Sanktionierungen sind vor diesem Hintergrund entscheidend. Veränderungen der Compliance-Kultur können nicht direkt durch Umsetzung von außen vorgegebener Maßnahmen bewirkt werden, sondern setzen eine veränderte Wahrnehmung der Maßnahmen des Compliance Managements seitens der Mitarbeiter voraus, um auf diese Weise perspektivisch die organisationsweite Kommunikation in die gewünschte Richtung zu lenken.

Zur Förderung von Veränderungen auf der Wahrnehmungsebene der Mitarbeiter eignen sich insbesondere iterativ aufgesetzte dialogische Prozesse, in denen die in einem Unternehmen bestehenden Unterschiede zwischen Eigenund Fremdwahrnehmung für die Teilnehmer erkennbar und damit thematisierbar werden (vgl. Schein 2010b, S. 251 ff.). Für die Durchführung von spezifischen Dialogprozessen in Organisationen und Teams (vgl. Abb. 6.1) sind im Bereich der Organisationsentwicklung spezifische Arbeitsformate entwickelt worden (vgl. Isaacs 2002).

Als inhaltliche Grundlage für entsprechende Dialogprozesse kommen insbesondere die Ergebnisse von Mitarbeiterbefragungen zur Wahrnehmung der Compliance-Risiken sowie der Akzeptanz und Effizienz der Maßnahmen des Compliance Managements in Betracht. International eingesetzte Verfahren zur Evaluierung der Compliance- bzw. Integritätskultur von Organisationen haben im deutschsprachigen Bereich bislang nur wenig Beachtung gefunden. Durch den Vergleich der Ergebnisse entsprechender Mitarbeiterbefragungen in verschiedenen Bereichen eines Unternehmens bzw. durch den Abgleich mit den Ergebnissen vergleichbarer Unternehmen können Ansatzpunkte für eine Weiterentwicklung der Unternehmenskultur bzw. der Compliance-Kultur identifiziert werden. Situationsgerecht aufgesetzte Dialogprozessen können zu einer Veränderung der Wahrnehmungen der Mitarbeiter und dadurch perspektivisch zu

1
In-sich-Hineinhören, um mit den impliziten Annahmen, die den eigenen Gedanken zugrunde liegen, in Kontakt zu kommen (Selbstanalyse)

2
Allmählicher Aufbau von gemeinsamen Bedeutungen und eines gemeinsamen Denkprozesses in der Gruppe.

3
Die Realität wird von den Teilnehmern zunehmend als Kontinuum und die Denkprozesse werden zunehmend als Ursache für die Fragmentierung der Realität in Konzepte und Kategorien wahrgenommen. Zunehmendes Verständnis von Emotionen als Ergebnisse von Denkprozessen.

4
Entwicklung eines gemeinsamen Denkens der Gruppe. Dieses kann zu einem wirkungsvollen Mittel zur kreativen Problemidentifikation und –lösung werden.

Abb. 6.1 Merkmale eines Dialogprozess im Sinne von Isaacs. (Eigene Darstellung)

einer Veränderung der relevanten unternehmensinternen Kommunikation und damit zu einer Stärkung der Compliance-Kultur führen.

Praxishinweis
Die Entwicklung einer starken Compliance-Kultur ist von zentraler Bedeutung für ein wirksames Compliance Management System. Immobilienwirtschaftliche Unternehmen können sich zum besseren Verständnis der Phänomene Unternehmenskultur/Compliance-Kultur in der Praxis an folgenden Leitsätzen orientieren:

- Compliance-Kultur ist ein Teilaspekt der Organisationskultur bzw. eine bestimmte Perspektive auf das umfassende Phänomen „Organisationskultur";
- Im Unternehmen steuern die meist unbewussten individuellen und kollektiven Annahmen, Einstellungen sowie Verhaltensmuster der Führungskräfte und Mitarbeiter die Wahrnehmungsselektion sowie die Informationsverarbeitung und prägen dadurch maßgeblich die Compliance-Kultur eines Unternehmens;
- Unternehmenskultur und Compliance-Kultur sind nicht direkt beobachtbar;
- Compliance-Kultur ist das Ergebnis eines fortlaufenden Kommunikationsprozesses;
- Eine Veränderung der Compliance-Kultur ist die Folge einer Veränderung der Wahrnehmung der Compliance-Anforderungen und der compliance-bezogenen Kommunikation der Führungskräfte und Mitarbeiter;
- Eine Stärkung der Compliance-Kultur kann nicht kurzfristig durch bewusste Entscheidungen herbeigeführt werden;
- Voraussetzung für die Stärkung der Compliance-Kultur ist die Etablierung eines langfristig angelegten, evolutionären unternehmenskulturellen Entwicklungsprozesses;
- Der Fokus von Maßnahmen zur Stärkung der Compliance-Kultur sollte auf der individuellen und kollektiven Wahrnehmung sowie auf der Kommunikation der in einem Unternehmen umgesetzten Maßnahmen des Compliance-Managements („shared perceptions of daily practices" i. S. von Hofstede) liegen;
- Besonders geeignet zur Förderung von Veränderungen auf der Wahrnehmungsebene sind dialogische Prozesse, in denen Unterschiede zwischen Eigen- und Fremdwahrnehmung für die Mitarbeiter erkennbar, diskutabel und damit auch veränderbar werden;
- Situationsgerecht aufgesetzte Dialogprozesse können die Entwicklung der Compliance-Kultur besonders wirksam unterstützen.

6.3 Durchführung von Compliance Risk Assessments

Da Compliance-Risiken für die Mitarbeiter vielfach nicht ohne nähere Erläuterung verständlich sind und die Mitarbeiter tendenziell davon ausgehen, dass entsprechende verhaltensorientierte Risiken in ihrem Zuständigkeitsbereich nicht bestehen, muss zunächst eine Wahrnehmung für die konkrete Bedeutung und die möglichen Eintrittsszenarien der verschiedenen Compliance-Risiken geschaffen werden. Erst auf dieser Grundlage kann eine sachgerechte Bewertung der Compliance-Risiken erfolgen.

Eine dialogorientiert ausgestaltete Compliance-Risikoanalyse zielt auf die Veränderung der Wahrnehmung der Compliance-Anforderungen und infolge auch der Compliance-Kommunikation. Sie ist damit das zentrale Element eines auf die (mittelfristige) Stärkung der Compliance-Kultur angelegten organisationskulturellen Entwicklungsprozesses. Im Rahmen der Compliance-Risikoanalyse können auch besonders unternehmenskulturwirksame Risikoszenarien (wie z. B. die Einhaltung der Führungsleitlinien) berücksichtigt werden. Die Beurteilung der Compliance-Risiken durch ein Unternehmen hat wesentlichen Einfluss auf die Wirksamkeit des CMS. Sie stellt die Grundlage für die Entwicklung eines angemessenen Compliance-Programms dar und darf schon deshalb keine einmalige Angelegenheit sein. Vielmehr handelt es sich um einen Regelprozess, der für die kontinuierliche Weiterentwicklung und Verbesserung des CMS notwendig ist (vgl. IDW PS 980, Tz. A16).

Ausgehend von den jeweiligen Compliance-Zielen eines Unternehmens verlangt der IDW PS 980 die Einführung eines Verfahrens zur systematischen Aufnahme und Berichterstattung der bestehenden Risiken für Verstöße gegen einzuhaltende Regeln (Vgl. IDW PS 980, Tz. 23). Die festgestellten Risiken sind dabei im Hinblick auf „Eintrittswahrscheinlichkeit und mögliche Folgen" zu analysieren. Im Rahmen der Risikoanalyse sind die grundsätzlichen Entscheidungen der gesetzlichen Vertreter zur Risikosteuerung (Risikovermeidung, Risikoreduktion, Risikoüberwälzung oder Risikoakzeptanz) zu berücksichtigen (IDW PS 980, Tz. A16). Hinsichtlich der konkreten Ausgestaltung des Compliance Risk Assessments besteht grundsätzlich ein weites Ermessen des Unternehmens. Der IDW PS 980 benennt beispielhaft einige „allgemeine Faktoren", die für die Risikoanalyse relevant sein können: Änderungen im wirtschaftlichen und rechtlichen Umfeld, Personalveränderungen, überdurchschnittliches Unternehmenswachstum, neue Technologien, neue oder atypische Geschäftsfelder oder Produkte, Umstrukturierungen, Orte der Geschäftstätigkeit und Expansion in neue Märkte.

Praxishinweis
Unternehmen der Immobilienwirtschaft können sich bei der Ausgestaltung und Umsetzung eines (initialen) Compliance Risk Assessment in Abhängigkeit von Art, Größe und Komplexität des jeweiligen Unternehmens insbesondere an folgenden Leitsätzen orientieren (vgl. Wendt und Withus 2015, S. 175–178):

- Umsetzung eines systematischen und unternehmenskulturell anschlussfähigen Erfassungs- und Bewertungsprozesses, der praktisch relevante typisierte Compliance-Risikoszenarien im Rahmen von interaktiven Workshops adressiert;
- Sicherstellung der Vollständigkeit der Risikoidentifikation;
- Einbindung der bestehenden unternehmensinternen Expertise (insbesondere Interne Revision, Recht, Risikomanagement);
- Durchführung einer intersubjektiv nachvollziehbaren Bewertung der identifizierten Compliance-Risiken. Hierbei sollte aus Gründen der Transparenz stringent zwischen einer Bruttobewertung sowie Nettobewertung unter Berücksichtigung der bestehenden oder einzurichtenden Maßnahmen der Risikosteuerung (Risikovermeidung, Risikoverminderung, Risikostreuung, Risikoüberwälzung, Risikotragung) unterschieden werden;
- Konsistente Schätzung der Eintrittswahrscheinlichkeit der Compliance-Risiken durch einheitliche Verwendung von sachgerechten Kriterien (z. B. Wettbewerbssituation, Einsatz von Vertriebsvermittlern, Compliance-Verstöße in der Vergangenheit);
- Verwendung einer konsistenten Methodik zur Schätzung der Folgen des Eintritts von Compliance-Risiken unter Berücksichtigung von Reputationsrisiken;
- Einbindung der relevanten zentralen und dezentralen Entscheidungsebenen.

Ein Regelprozess zur Erfassung und Bewertung von Compliance-Risiken sollte insbesondere Verfahrensweisen für den Umgang mit zwischenzeitlichen Veränderungen sowie mit sonstigen, besonders risikorelevanten Ereignissen (Unternehmensübernahmen etc.) enthalten. Ziel sollte es sein, mit einem zumutbaren Aufwand die Aktualität der Compliance-Risikolandschaft sowie der erforderlichen Sicherungsmaßnahmen zu gewährleisten.

6.4 Bausteine eines Schulungs- und Trainingskonzeptes

Neben der Compliance-Risikoanalyse sind Schulungen und Trainings die maßgeblichen Instrumente des Compliance-Managements zur Entwicklung einer starken Compliance-Kultur. Im Rahmen des IDW PS 980 werden Schulungen und Trainings entweder dem Element Compliance-Programm oder dem Element Compliance-Kommunikation zugeordnet. Im Rahmen des Compliance-Pflichtenhefts des ICG finden sich hierzu folgende konkrete Anforderungen in Modul 2 „Training" innerhalb des Bausteins 3 „Verbindlichkeit" (vgl. Abb. 5.2):

- Präsenzschulung für Führungsebene und Funktionen mit erhöhtem Compliance-Risiko;
- Funktions- und risikogruppenspezifische Präsenzschulungen (z. B. für Mitarbeiter aus dem Einkauf oder Vertrieb);
- Web- oder Intranet-basiertes Training für alle Mitarbeiter.

Des Weiteren finden sich in Modul 4 „Compliance Management als Führungsaufgabe" (vgl. Abb. 5.2) folgende weitere relevante Anforderungen:

- Orientierung an ethischen Werten; Führungsstil;
- Entschlossenheit, Klarheit, Verbindlichkeit, Verantwortlichkeit, Integrität;
- Vorbildrolle und Führungsverantwortung für Compliance („Tone from the Top");
- Proaktive und offensive Kommunikation des Wertemanagements durch Leitung und Management.

Wird durch die Schulungs- und Trainingsaktivitäten eine effektive und nachhaltige Stärkung der Compliance-Kultur angestrebt, so bietet es sich an, neuere Erkenntnisse der Neurobiologie zu Möglichkeiten und Voraussetzungen des Lernens zu berücksichtigen. Gerald Hüther, einer der bekanntesten Vertreter der Neurobiologie formuliert die in diesem Zusammenhang besonders relevanten neurobiologischen Einsichten wie folgt:

Das menschliche Gehirn ist plastischer, als bisher angenommen. Bis ins hohe Alter können sich neue Verbindungen zwischen den Nervenzellen herausbilden, können einmal entstandene neuronale Netzwerke umgeschaltet, erweitert und an neue

Nutzungsbedingungen angepasst werden. Damit es allerdings zu solchen neuroplastischen Umbauprozessen im Gehirn kommt, muss es dort, in den tieferen Bereichen, dem sogenannten Mittelhirn, zur Aktivierung der emotionalen Zentren kommen. Nur wenn die dort liegenden Zellen erregt werden, kommt es an den Enden ihrer weitreichenden Fortsätze zur Freisetzung sogenannter neuroplastischer Botenstoffe – und die wirken wie Dünger auf die nachgeschalteten Nervenzellen (Hüther 2016, S. 218).

Somit gilt es nach Möglichkeiten Ausschau zu halten, im Rahmen von Schulungs-, Sensibilisierungs- und Trainingsmaßnahmen die Emotionen der Teilnehmer zu erreichen. Dieses erscheint auf den ersten Blick bei einem so nüchtern-fachlich anmutenden Thema wie dem Thema Compliance als besonders schwierig. In der Praxis hat es sich jedoch bewährt, Sensibilisierungsworkshops durchzuführen, in denen sich Mitarbeiter über konkrete Compliance-Dilemmata aus dem Unternehmensalltag in spielerischer Form austauschen.

Praxishinweis

In der Compliance-Community sind inzwischen auch Compliance-Spiele mit spezifischen immobilienwirtschaftlichen Risiken für Unternehmen der Immobilienwirtschaft entwickelt worden. Diese können bei speziellen Anbietern bezogen werden. Gelingt es, ein solches Compliance-Spiel in einem Sensibilisierungsworkshop auf geeignete Weise einzusetzen, dann ist damit erfahrungsgemäß ein positives emotionales Erlebnis für die Teilnehmer, ein Reputationsgewinn für die Compliance-Organisation und eine erkennbare Stärkung der Compliance-Kultur verbunden.

6.5 Compliance-Kontrollkonzept und Interne Revision

Sowohl als Element im Rahmen des IDW PS 980 als auch als Baustein im Rahmen des Compliance-Pflichtenhefts des ICG kommt dem Thema Compliance-Monitoring eine große Bedeutung zu. Spezifische Anforderungen hierzu finden sich insbesondere in Baustein 5/Modul 2 unter „Regelmäßige internen Überprüfung" (vgl. Abb. 5.2):

- Überprüfung des Compliance-Managements in sensiblen Geschäftsbereichen;
- Kontrolle sensibler Zahlungsvorgänge;

- Überprüfung der Einhaltung und der Implementierung des Compliance-Managements in ein gelebtes Alltagsgeschäft. Mindestens einmal im Jahr ist die Unterrichtung und Beratung der Unternehmensleitung über die Entwicklung des Compliance-Managements verpflichtend.

Es bietet sich an, die geforderten Kontrollaktivitäten im Rahmen eines mehrjährigen risikoorientierten Kontrollkonzeptes festzulegen und über die zu dokumentierenden Ergebnisse der unterjährigen Kontrollaktivitäten in der Compliance-Jahresberichterstattung an die Unternehmensleitung zu berichten. Sofern das Unternehmen über eine eigene Interne Revision verfügt, sollten das Compliance-Monitoring mit der Internen Revision zumindest abgestimmt werden. Noch sinnvoller erscheint es, wenn die Interne Revision die im Rahmen eines Monitorings erforderlichen Prüfungshandlungen im Rahmen ihrer risikoorientierten Prüfungstätigkeit selbst durchführt. Denn die Interne Revision überprüft standardmäßig die Schlüsselkontrollen in den zentralen und wesentlichen Geschäftsprozessen (wie z. B. in der Beschaffung, der Produktion, dem Vertrieb sowie den sonstigen Unterstützungsprozessen). Um diese Überprüfung objektiv und unabhängig durchführen zu können, darf sie grundsätzlich nicht in die Implementierung der Geschäftsprozesse und die Durchführung von Kontrollen involviert gewesen sein. Sie verfügt somit gegenüber der Compliance-Organisation, deren Aufgabe gerade auch in der compliance-bezogenen Beratung der Fachbereiche besteht, über die größere Unabhängigkeit. Eine Interne Revision kann somit durch die Aufnahme des Themas Compliance Management z. B. als Prüffeld im Rahmen ihrer Prüfungslandkarte (Audit Universe) und durch risikoorientierte Ableitung von Prüfungsaktivitäten einen wichtigen Beitrag zur Überwachung sowie zur laufenden Weiterentwicklung eines CMS leisten.

Praxishinweis

Durch die gezielte Auswahl und Einbindung von externer Expertise im Rahmen eines professionell aufgesetzten Internen Revisionssystems können auch Unternehmen der Immobilienwirtschaft mit einer kleinen bzw. einer outgesourcten Internen Revision auf effiziente und kostengünstige Weise einen zusätzlichen Mehrwert in Gestalt von Impulsen zur Weiterentwicklung des CMS und des Internen Kontrollsystems erzielen (vgl. Wendt und Eichler 2018, S. 48–49).

Überwachung der Wirksamkeit eines CMS

7

7.1 Einführung

Die Überwachung der Wirksamkeit eines eingerichteten CMS ist die originäre Aufgabe des Leitungsorgans eines Immobilienunternehmens und zugleich eine vom Gesetzgeber analog § 107 Abs. 3 AktG i. V. mit § 111 Abs. 1 AktG besonders hervorgehobene Aufgabe des Aufsichtsgremiums. Auch im Rahmen der Nachhaltigkeitsberichterstattung kommt dem Thema Compliance Management insbesondere im Hinblick auf die Korruptionsprävention nach den maßgeblichen Reporting-Standards eine große Bedeutung zu.

Um einen objektivierten Nachweis der ermessensfehlerfreien Ausübung der Organisations- und Sorgfaltspflichten des Leitungs- und des Aufsichtsgremium im Zusammenhang mit der Einrichtung und dem Betrieb eines CMS zu erbringen, verfügen Unternehmen der deutschen Immobilienwirtschaft über zwei in der Praxis anerkannte Möglichkeiten, die ggf. auch miteinander kombiniert werden können:

1. Prüfung eines CMS gemäß IDW PS 980;
2. Zertifizierung eines CMS nach dem „Pflichtenheft zum Compliance-Management in der Immobilienwirtschaft" des ICG.

© Springer Fachmedien Wiesbaden GmbH, ein Teil von Springer Nature 2019
P. Fissenewert und M. Wendt, *Compliance Management in der Immobilienwirtschaft,* essentials, https://doi.org/10.1007/978-3-658-25895-5_7

7.2   Prüfung des CMS nach IDW PS 980

Bei der Prüfung des CMS nach IDW PS 980 durch einen unabhängigen Wirtschaftsprüfer handelt es sich im Unterschied zur Jahresabschlussprüfung um eine freiwillige Prüfung. Hierbei sind Konzeptions-, Angemessenheits- und Wirksamkeitsprüfung zu unterscheiden (vgl. Abb. 7.1).

Bei der Prüfungsdurchführung sowie der Bewertung der Prüfungsergebnisse orientiert sich der CMS-Prüfer am IDW PS 980, welcher von der Auftragsannahme bis zur Berichterstattung umfassend Orientierung gibt. Prüfungsgegenstand ist die vom Unternehmen vorzulegende CMS-Beschreibung, welche im Rahmen einer **Konzeptionsprüfung** hinsichtlich inhaltlicher Ausgestaltung und Aktualität bezogen auf einen festzulegenden Prüfungsstichtag zu beurteilen ist. Dabei ist vom Prüfer insbesondere darauf zu achten, dass in der vom geprüften Unternehmen zu erstellenden **Beschreibung des CMS** auf sämtliche sieben Elemente eines CMS gemäß IDW PS 980 (vgl. Abb. 5.1) eingegangen wird und die CMS-Beschreibung keine falschen Angaben sowie keine unangemessenen Verallgemeinerungen oder unausgewogenen und verzerrenden Darstellungen enthält, die eine Irreführung der Berichtsadressaten zur Folge haben können. In der CMS-Beschreibung ist auch darauf einzugehen, an welchen CMS-Grundsätzen sich das Unternehmen bei der Ausgestaltung des CMS orientiert hat. Hierbei kommen insbesondere allgemein anerkannte Rahmenkonzepte wie z. B. COSO ERM, das Compliance-Pflichtenheft des ICG und ISO 19600 in Betracht (vgl. IDW PS 980, A30 und Anlage 1).

Ausgangspunkt für eine Prüfung nach IDW PS 980 ist die Festlegung der Compliance-Ziele. Diese „erfolgt in Übereinstimmung mit den allgemeinen Unternehmenszielen und umfasst insbesondere die Abgrenzung der Teilbereiche und der in den Teilbereichen zu beachtenden Regeln." (vgl. IDW PS 980, A 15). Als abgrenzbare Teilbereiche, welche Gegenstand einer CMS-Prüfung sein können, werden im IDW PS 980 (vgl. IDW PS 980, A 3) beispielsweise genannt:

- Rechtsgebiete: Wettbewerbs- und Kartellrecht, Antikorruptionsrecht, Umweltrecht, Datenschutz- und Datensicherungsvorschriften etc.;
- Geschäftsbereiche bzw. Unternehmensprozesse: Ausschreibung und Vergabe (Einkauf), Provisionszahlungen (Vertrieb) etc.;
- Organisation der Einhaltung von Selbstverpflichtungen: UN Global Compact etc.

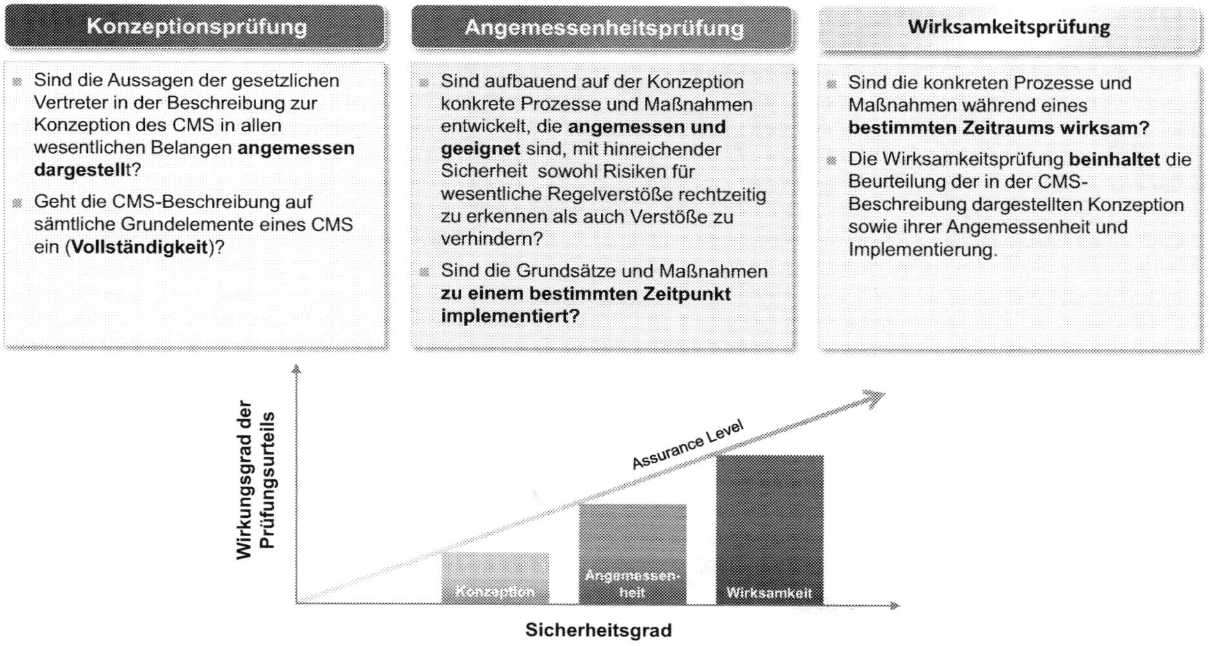

Konzeptionsprüfung

- Sind die Aussagen der gesetzlichen Vertreter in der Beschreibung zur Konzeption des CMS in allen wesentlichen Belangen **angemessen dargestellt?**
- Geht die CMS-Beschreibung auf sämtliche Grundelemente eines CMS ein **(Vollständigkeit)?**

Angemessenheitsprüfung

- Sind aufbauend auf der Konzeption konkrete Prozesse und Maßnahmen entwickelt, die **angemessen und geeignet** sind, mit hinreichender Sicherheit sowohl Risiken für wesentliche Regelverstöße rechtzeitig zu erkennen als auch Verstöße zu verhindern?
- Sind die Grundsätze und Maßnahmen **zu einem bestimmten Zeitpunkt implementiert?**

Wirksamkeitsprüfung

- Sind die konkreten Prozesse und Maßnahmen während eines **bestimmten Zeitraums wirksam?**
- Die Wirksamkeitsprüfung **beinhaltet** die Beurteilung der in der CMS-Beschreibung dargestellten Konzeption sowie ihrer Angemessenheit und Implementierung.

Assurance Level

Wirkungsgrad der Prüfungsurteils

Sicherheitsgrad

Konzeption   Angemessenheit   Wirksamkeit

Abb. 7.1 Assurance Level und Prüfungsarten nach IDW PS 980. (Darstellung angelehnt an KPMG)

Im Rahmen des IDW PS 980 geht es somit um die Prüfung eines im Rahmen der CMS-Beschreibung durch konkret beschriebene Teilbereiche spezifizierten CMS. In der Unternehmenspraxis (jenseits der Immobilienwirtschaft) wurden in der Vergangenheit vor allem die Teilbereiche Antikorruptionsrecht und Kartellrecht als Gegenstände einer CMS-Prüfung nach IDW PS 980 beauftragt.

Im Rahmen der **Angemessenheits- und Wirksamkeitsprüfung** sind über die Konzeptionsprüfung hinaus weitergehende Prüfungsaktivitäten durchzuführen. Im Rahmen der Angemessenheits-prüfung hat der CMS-Prüfer durch eine Kombination von Befragungen mit anderen Prüfungshandlungen – einschließlich Beobachtung sowie Einsichtnahme in Aufzeichnungen und Dokumente – festzustellen, ob das CMS, wie in der CMS-Beschreibung dargestellt, geeignet ist, sowohl Risiken für wesentliche Regelverstöße rechtzeitig zu erkennen als auch solche Regelverstöße zu verhindern und ob es zum festgelegten Prüfungsstichtag implementiert war.

Im Rahmen einer Wirksamkeitsprüfung, die immer auch eine Prüfung der Angemessenheit des CMS umfasst, hat der CMS-Prüfer zu beurteilen, ob die in der CMS-Beschreibung dargestellten Regelungen darüber hinaus innerhalb des gesamten zu prüfenden Zeitraums wie vorgesehen eingehalten wurden. Die Beurteilung der Kontinuität der Beachtung der in der CMS-Beschreibung dargestellten Regelungen erfordert es, dass die Prüfung der Wirksamkeit einen angemessenen (geprüften) Zeitraum abdeckt, der mindestens ein halbes Geschäftsjahr umfassen sollte. Die zeitraumbezogene Wirksamkeitsprüfung ist aufwendiger als die stichtagbezogene Angemessenheitsprüfung, verschafft jedoch dadurch auch den Leitungs- und Aufsichtsgremien des geprüften Unternehmens ein höheres Sicherheitsniveau. Eine reine Konzeptionsprüfung ist dagegen als objektivierter Nachweis für Leitungs- und Aufsichtsgremien nicht geeignet.

Zur Erhöhung der Unabhängigkeit eines CMS-Prüfers und damit regelmäßig auch zur Verbesserung der Qualität der CMS-Prüfung bietet es sich an, das Aufsichtsgremium bei der Auswahl des CMS-Prüfers sowie bei der Durchführung und Berichterstattung der CMS-Prüfung auf geeignete Weise einzubinden. Eine solche Einbindung des Aufsichtsgremiums sollte in der Informationsordnung zwischen Aufsichtsgremium und Leitungsgremium klar geregelt werden.

Sowohl bei der Wirksamkeits- als auch bei der Angemessenheitsprüfung handelt es sich um Beurteilungen von Zuständen der Vergangenheit. Nach der abgeschlossenen Prüfung eingetretene Veränderungen eines CMS können naturgemäß nicht berücksichtigt werden. Hier liegen die Grenzen einer „Assurance" gemäß IDW PS 980.

7.3 Zertifizierung des CMS nach ICG-Standards

Das vom Institut für Corporate Governance in der deutschen Immobilienwirtschaft e. V. entwickelte CMS-Zertifizierungssystem kombiniert eine prüfungsbezogene Vergangenheitsorientierung mit einer zukunftsorientierten Ausrichtung, die mit weitergehenden, über den Zeitpunkt der Erteilung der Zertifizierung hinausreichenden Pflichten des zertifizierten Unternehmens verbunden ist.

Grundlage einer Zertifizierung nach ICG-Standards ist das Compliance-Pflichtenheft. Dieses umfasst Bausteine und Module, die vom ICG als Mindeststandards eines CMS in der Immobilienwirtschaft verstanden werden (vgl. die Übersicht zu den Bausteinen und Modulen des Compliance-Pflichtenhefts in Abb. 5.2).

Inhaltlich lassen sich die Mindeststandards des ICG auf die sieben Elemente eines CMS nach IDW PS 980 überführen. Grundlage für die vom ICG erteilte Zertifizierung eines Unternehmens der Immobilienwirtschaft ist eine im Auftrag des Unternehmens durchgeführte Prüfung des CMS zu einem bestimmten Stichtag (Angemessenheitsprüfung). Diese Prüfung kann von Wirtschaftsprüfern und von qualifizierten Personen, die aufgrund des Nachweises von ausreichenden Kenntnissen und Erfahrungen vom ICG als Prüfer anerkannt worden sind, durchgeführt werden.

Das auf die (zukunftsorientierte) Sicherstellung der Wirksamkeit eines CMS ausgerichtete ICG-Zertifizierungssystem enthält gemäß der Auditierungs- und Zertifizierungsordnung des ICG (vgl. ICG 2017b) folgende wesentliche Elemente:

- **Erstauditierung** (von einem externen Prüfern durchzuführende Auditierung, die zur Erteilung einer Zertifizierung mit einer Laufzeit von 18 Monaten führt);
- **Zweitauditierung** (von einem externen Prüfer durchzuführende Auditierung, die zur Erteilung einer Zertifizierung mit einer Laufzeit von 3 Jahren führt);
- **Wiederholungsauditierungen** (von externen Prüfern durchzuführende Auditierungen, die zur Erteilung von weiteren Zertifizierungen mit Laufzeit von jeweils 3 Jahren führen);
- **Selbstbewertungen** (von den zertifizierten Unternehmen nach durchgeführter Zweit- bzw. Wiederholungsauditierung in den Jahren, in denen keine Auditierung durch einen externen Prüfer vorgenommen wird, selbst durchzuführen und zu dokumentieren);

- **Mitteilungspflichten** (des zertifizierten Unternehmens über die Ergebnisse der durchgeführten Selbstbewertungen);
- **Vorlagepflichten** (des zertifizierten Unternehmen betreffend die Dokumentation der durchgeführten Selbstbewertungen bei entsprechender Anforderung seitens des ICG zur Prüfung eines möglichen Widerrufs einer erteilten Zertifizierung in einem Zweifelsfall);
- **Meldepflichten** (des zertifizierten Unternehmens betreffend gegen das Unternehmen oder dessen Organe anhängige Ermittlungs-, Ordnungswidrigkeiten- und/oder Gerichtsverfahren wegen eines Verstoßes insbesondere gegen die Corporate Governance & Compliance betreffende Rechtsvorschriften).

Die Entscheidung über die Erteilung und den Widerruf einer Zertifizierung trifft der ICG-Vorstand in einem transparenten Verfahren auf der Grundlage der „Verfahrensordnung für die Durchführung der Compliance-Zertifizierung des ICG" (vgl. ICG 2015).

Eine besondere Bedeutung im Hinblick auf die Aufrechterhaltung einer erteilten Zertifizierung kommt der Selbstbewertung durch das zertifizierte Unternehmen in den Jahren zu, in denen keine Auditierung durch einen externen Prüfer vorgenommen wird. Nach der Auditierungs- und Zertifizierungsordnung des ICG hat der externe CMS-Prüfer im Rahmen seiner CMS-Auditierung auch die vom Unternehmen zwischenzeitlich vorgenommenen Selbstbewertungen zu überprüfen und hierzu ein Prüfungsurteil abzugeben (vgl. ICG 2017b, Abschn. III, Ziffer 7).

Praxishinweis

Angesichts der vom ICG im Rahmen des Compliance-Pflichtenhefts getroffenen Festlegung der Mindeststandards für ein CMS in der Immobilienwirtschaft ist eine Spezifizierung von Compliance-Teilbereichen im Rahmen einer CMS-Beschreibung für eine Auditierung nach dem Compliance-Pflichtenheft des ICG nicht erforderlich. Vielmehr stellt nach dem Verständnis des ICG das Compliance-Pflichtenheft „das dem CMS zugrunde liegende Rahmenwerk und gleichzeitig die Abgrenzung des CMS-Teilbereichs dar", sodass eine CMS-Zertifizierung nach ICG-Standards auf der Basis eines entsprechenden Prüfungsberichts einer nach IDW PS 980 durchgeführten Prüfung erfolgen kann (vgl. ICG 2018a, S. 2). Somit ist es für Unternehmen der Immobilienwirtschaft möglich, eine Wirksamkeitsprüfung nach IDW PS 980 mit einer Compliance-Zertifizierung nach ICG-Standards zu kombinieren.

Ausblick 8

Das Thema Compliance hat in den letzten zehn Jahren im Zusammenhang mit internationalen und nationalen Korruptionsskandalen in Deutschland eine große Bedeutung erlangt. Bei der Aufarbeitung dieser Korruptionsskandale hat sich der zentrale Fokus auf die von der Unternehmensführung in der Regel primär angestrebte Vermeidung von Haftungs- und Reputationsrisiken ausgerichtet. Infolge dieser Interessenlage ist bei der inzwischen auf breiter Front in großen international tätigen Industrieunternehmen erfolgten Institutionalisierung eines Compliance-Managements vielfach die werte- und unternehmenskulturorientierte Perspektive (sogenannter Integrity Ansatz) hinter der regelungs- und überwachungsorientierten Perspektive zurückgetreten (sogenannter Compliance-Ansatz). Damit verbunden ist das Risiko einer weiteren Zunahme der Regelungs- und Überwachungsintensität und damit der Bürokratisierung in den Unternehmen.

Für die deutsche Immobilienwirtschaft hat das ICG mit den im Jahr 2008 veröffentlichten Verhaltensstandards sowie mit dem die zentrale Bedeutung der Grundwerte hervorhebenden Compliance-Pflichtenheft frühzeitig einen anderen Weg vorgezeichnet. Dem entspricht auch die Akzentuierung, welche das IDW im Rahmen des IDW PS 980 durch die Betonung der Bedeutung der Compliance-Kultur vorgenommen hat.

An der durch die Hervorhebung der Bedeutung von Unternehmenskultur und Unternehmenswerten erfolgten Positionierung des Compliance-Managements als zentrale Aufgabe für die oberen („Tone from the Top") und mittleren („Tone from the Middle") Führungskräfte sollte gerade auch vor dem Hintergrund der stetig weiter zunehmenden Compliance-Anforderungen (Geldwäsche, Datenschutz etc.) und der damit verbundenen Ausweitung von unternehmensinternen Regulierungen und Überwachungsaktivitäten festgehalten werden. Denn wenn es nicht gelingt, die Compliance-Kultur durch ein für unternehmenskulturelle

© Springer Fachmedien Wiesbaden GmbH, ein Teil von Springer Nature 2019
P. Fissenewert und M. Wendt, *Compliance Management in der Immobilienwirtschaft*, essentials, https://doi.org/10.1007/978-3-658-25895-5_8

Anforderungen sensibilisiertes Verhalten der Führungskräfte zu stärken, drohen der deutschen Immobilienwirtschaft eine noch stärkere Regulierung mit der Folge einer zunehmenden Bürokratisierung und – verbunden damit – perspektivisch einem Verlust an Wettbewerbsfähigkeit.

Vor dem skizzierten Hintergrund liegt ein zentrales Handlungsfeld im Zusammenhang mit der wirksamen Umsetzung von Compliance-Anforderungen in der Herausarbeitung der konkreten Aufgaben der Leitungs- und Führungskräfte. Auf dieser Grundlage können sodann Strategien zur Weiterentwicklung der Unternehmenskultur entwickelt werden, die eine Verbindung einer starken Compliance-Kultur mit der für den nachhaltigen Unternehmenserfolg entscheidenden unternehmerischen Zukunftsorientierung ermöglichen.

Unterstützt werden kann eine entsprechende Ausrichtung durch die Mitglieder von Aufsichtsgremien. Diese sollten im Rahmen ihrer Überwachungsaufgabe auch das die Unternehmenskultur besonders nachhaltig prägende Kommunikationsverhalten der (obersten) Führungskräfte berücksichtigen. Da das relevante Kommunikationsverhalten der Mitglieder des Leitungsgremiums für die Aufsichtsratsmitglieder weitgehend nicht direkt beobachtbar ist, erscheint insbesondere die Entwicklung einer gemeinsamen Wahrnehmung hinsichtlich der Wirksamkeit der Governance-Organisation in einem Dialog zwischen Überwachungsgremium (insbesondere den Mitgliedern des Prüfungsausschusses) und dem Leitungsgremium als ein sinnvoller und zudem die Überwachungs- mit der Beratungsaufgabe des Aufsichtsgremiums verbindender Ansatz. Grundlage eines solchen Dialoges können die Ergebnisse einer Evaluierung der Wirksamkeit der Governance-Organisation sein. Ziel eines solchen professionell moderierten Dialog-Workshops sollte es sein, die im Teilnehmerkreis bestehenden unterschiedlichen Wahrnehmungen der Governance-Organisation für die Teilnehmer des Workshops erkennbar und damit auch besprechbar zu machen, um auf dieser Grundlage eine gemeinsame Wahrnehmung hinsichtlich des Ist- sowie des gewünschten Sollzustandes zu erarbeiten und geeignete Maßnahmen bzw. Vereinbarungen zur Weiterentwicklung der unternehmensspezifischen Corporate Governance abzuleiten. Der Ablauf eines solchen „Governance-Dialoges" kann schematisch wie in Abb. 8.1 dargestellt werden:

In der Sprache der ökonomischen Ethik geht es hierbei um die Entwicklung eines gemeinsamen Spielverständnisses als Voraussetzung einer vertrauensvollen Kooperation zwischen Leitungs- und Aufsichtsgremium (vgl. Suchanek 2015, S. 113). Die Durchführung von Dialogen ist hierfür ein in der Praxis bewährtes Instrument. Ein Dialog ist nicht einfach ein Miteinander-Sprechen, sondern folgt spezifischen Regeln, welche die Etablierung eines gemeinsamen Suchprozesses

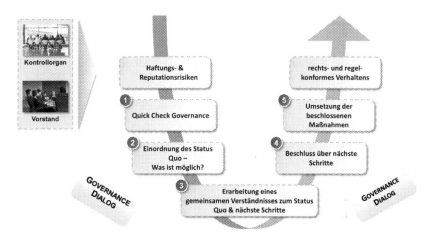

Abb. 8.1 Governance-Dialog. (Eigene Darstellung, angelehnt an Scharmer (vgl. Scharmer 2009, S. 52))

zwischen den Teilnehmern ermöglichen. Dialoge ermöglichen die (Weiter-)Entwicklung eines gemeinsamen Spielverständnisses, sofern sich die Dialogparteien darauf einlassen, sich gegenseitig zuzuhören, um ihre unterschiedlichen Sichtweisen und Interessen besser zu verstehen. Auf diese Weise können Mitglieder der Aufsichtsgremien und der Leitungsgremien einen zusätzlichen Mehrwert für eine unternehmenskulturorientierte Weiterentwicklung des Compliance Management Systems als Teil der unternehmensspezifischen Corporate Governance erbringen (vgl. Wendt 2017).

Was Sie aus diesem *essential* mitnehmen können

- Eine Darstellung der wesentlichen Inhalte und Besonderheiten der für die deutsche Immobilienwirtschaft relevanten CMS-Standards.
- Eine Erläuterung der spezifischen Aufgaben der Leitungs- und Überwachungsorgane im Zusammenhang mit der Förderung der Entwicklung einer starken Compliance-Kultur.
- Praxishinweise zur Implementierung und Weiterentwicklung eines wirksamen Compliance Management Systems.

© Springer Fachmedien Wiesbaden GmbH, ein Teil von Springer Nature 2019   61
P. Fissenewert und M. Wendt, *Compliance Management in der Immobilienwirtschaft*, essentials, https://doi.org/10.1007/978-3-658-25895-5

Literatur

Buchelt J (2018) Immobilienwirtschaft: Compliance schützt und schafft Vertrauen. Compliance-Berater 2018(10):379–382

Bundeskriminalamt (2012) Fachstudie – Geldwäsche im Immobiliensektor in Deutschland. https://www.bka.de/SharedDocs/Downloads/DE/UnsereAufgaben/Deliktsbereiche/GeldwaescheFIU/fiuFachstudieGeldwaescheImmobiliensektor.html. Zugegriffen: 17. Jan. 2019

Bungartz O (2017) Interne Kontrollsysteme (IKS). Schmidt, Berlin

Bussmann K-D (2015) Dunkelfeldstudie über den Umfang der Geldwäsche in Deutschland und über die Geldwäscherisiken in einzelnen Wirtschaftssektoren. http://wcms.itz.uni-halle.de/download.php?down=41244&elem=3005640. Zugegriffen: 17. Jan. 2019

Deutsches Institut für Interne Revision (DIIR) (2017) DIIR-Revisionsstandard Nr. 3. Prüfung von Internen Revisionssystemen, Frankfurt/M.

EMB-Wertemanagement Bau e. V. (2007) EMB-Wertemanagement Bau, München

Fissenewert P (2012) D&O-Versicherungen für Aufsichtsratsmitglieder. In: Grundei J, Zaumseil P (Hrsg) Der Aufsichtsrat im System der Corporate Governance. Gabler, S 445–456

Fissenewert P (2013) Haftungsrisiken des Aufsichtsrats. ZCG 5(13):214–219

Fissenewert P (2015) Praxishandbuch internationale Compliance-Management-Systeme. Grundsätze – Checklisten – Zertifizierung gemäß ISO 19600. Schmidt, Berlin

Fissenewert P (Hrsg) (2018) Compliance für den Mittelstand, 3. Aufl. Schmidt, Berlin

Fürst M (2014) „Ich sehe was, was Du nicht siehst!" Das Problem der Risikowahrnehmung als vernachlässigte Dimension in der Compliance-Forschung. In: Wieland J, Steinmeyer R, Grüninger S (Hrsg) Handbuch Compliance-Management. Konzeptionelle Grundlagen, praktische Erfolgsfaktoren, globale Herausforderungen, 2. Aufl. Schmidt, Berlin, S 501–526

Gleißner W (2018) Prüfung des Risikomanagements – ein Reifegradmodell. Der Aufsichtsrat 2018(2):18–21

Henssler M, Hoven E, Kubiciet M, Weigend T (2017) Kölner Entwurf eines Verbandssanktionengesetzes. Universität zu Köln, Köln

Hofstede G, Hofstede GJ, Minkov M (2010) Cultures and organizations. Software of the mind. Intercultural cooperation and its importance for survival, New York

Hüther G (2016) Mit Freude lernen – ein Leben lang. V&R, Göttingen

Huthmacher D (2015) Pflichten und Haftung der Aufsichtsratsmitglieder. Duncker & Humblot, Berlin

IIA/DIIR (2017) (Hrsg) Internationale Standards für die berufliche Praxis der Internen Revision, Frankfurt/M.

Institut der Wirtschaftsprüfer (IDW) (2011) Prüfungsstandard 980. Grundsätze ordnungsmäßiger Prüfung von Compliance Management Systemen, Düsseldorf

Institut der Wirtschaftsprüfer (IDW) (2017a) Prüfungsstandard 981. Grundsätze ordnungsmäßiger Prüfung von Risikomanagementsystemen, Düsseldorf

Institut der Wirtschaftsprüfer (IDW) (2017b) Prüfungsstandard 982. Grundsätze ordnungsmäßiger Prüfung des internen Kontrollsystems der Unternehmensberichterstattung, Düsseldorf

Institut der Wirtschaftsprüfer (IDW) (2017c) Prüfungsstandard 983. Grundsätze ordnungsmäßiger Prüfung von Internen Revisionssystemen, Düsseldorf

Institut der Wirtschaftsprüfer (IDW) (Hrsg) (2017d) Tax Compliance. Positionen, Empfehlungen und Beispiele von Experten aus Wirtschaft, Prüfung und Beratung. IDW Verlag, Düsseldorf.

Institut für Corporate Governance in der deutschen Immobilienwirtschaft e. V. (ICG) (2015) Verfahrensordnung für die Durchführung der Compliance-Zertifizierung der ICG. http://www.immo-initiative.de/wp-content/uploads/2011/11/Verfahrensordnung_Zertifizierung_final_4_2015.pdf. Zugegriffen: 8. Apr. 2019

Institut für Corporate Governance in der deutschen Immobilienwirtschaft e. V. (ICG) (2016) Grundsätze werteorientierter Unternehmensführung in der Immobilienwirtschaft („10 Gebote"). http://www.icg-institut.de/grundsatze. Zugegriffen: 8. Apr. 2019

Institut für Corporate Governance in der deutschen Immobilienwirtschaft e. V. (ICG) (2017a) Corporate Governance Kodex der deutschen Immobilienwirtschaft. http://www.immo-initiative.de/wp-content/uploads/2017/10/ICG-AG-Kodex-neu-2017-final.pdf. Zugegriffen: 8. Apr. 2019

Institut für Corporate Governance in der deutschen Immobilienwirtschaft e. V. (ICG) (2017b) Auditierungs- und Zertifizierungsordnung zum „ComplianceManagement in der Immobilienwirtschaft". http://www.immo-initiative.de/wp-content/uploads/2015/10/Pruefordnung-ICG-finale-Reinversion-02-2-2015-1.pdf. Zugegriffen: 8. Apr. 2019

Institut für Corporate Governance in der deutschen Immobilienwirtschaft e. V. (ICG) (2018a) Pflichtenheft zum Compliance-Management in der Immobilienwirtschaft. http://www.icg-institut.de/wp-content/uploads/2019/01/Pflichtenheft_2018_low.pdf. Zugegriffen: 8. Apr. 2019

Institut für Corporate Governance in der deutschen Immobilienwirtschaft e. V. (ICG) (2018b) Leitfaden Wertemanagement in der Immobilienwirtschaft. http://www.icg-institut.de/wp-content/uploads/2018/06/Leitfaden_Wertemanagement_06-2018_low.pdf. Zugegriffen: 8. Apr. 2019

Isaacs B (2002) Dialog als Kunst, gemeinsam zu denken. Die neue Kommunikationskultur in Organisationen. EHP, Bergisch Gladbach

ISO: ISO/DIS 19600 (2014) Compliance management systems – Guidelines (International Standard)

KPMG (2013) Public Corporate Governance und Compliance. Ein Leitfaden für öffentliche Unternehmen

Krais J (2018) Geldwäsche und Compliance. Praxishandbuch für Güterhändler. Beck, München

Luhmann N (2000) Organisation und Entscheidung. Westdeutscher Verlag, Opladen

Managerhaftung (2017) https://vov-organhaftung.de/studie-manager-erwarten-steigendes-haftungsrisiko/. Zugegriffen: 17. Jan. 2019

Rack M (2017) Die Verantwortung des Aufsichtsrats für das Compliance-Management-System im Unternehmen – Teil 1. Compliance Berater 2017(3):59–63

Reason JT (1997) Managing the Risks of Organizational Accidents

Regierungskommission Corporate Governance (2017) Deutscher Corporate Governance Kodex in der Fassung vom 7. Februar 2017. http://www.dcgk.de//files/dcgk/usercontent/de/download/kodex/170424_Kodex.pdf. Zugegriffen: 17. Jan. 2019

Scharmer CO (2009) Theorie U. Von der Zukunft her führen Carl-Auer, Heidelberg

Schein EH (2010a) Organisationskultur, 3. Aufl. EHP, Bergisch Gladbach

Schein EH (2010b) Prozessberatung für die Organisation der Zukunft, 3. Aufl. EHP, Bergisch Gladbach

Simon FB (2009) Einführung in dies systemische Organisationstheorie, 2. Aufl. Carl-Auer, Heidelberg

Simon FB (2014) Einführung in die (System-)Theorie der Beratung. Carl-Auer, Heidelberg

Suchanek A (2015) Unternehmensethik. In Vertrauen investieren. utb Tübingen

Transparency International Deutschland e. V. (2018) Geldwäsche bei Immobilien in Deutschland. Umfang des Problems und Reformbedarf, Berlin

Wendt M (2016) Compliance-Kultur. In: Hauschka CE, Moosmayer K, Lösler T (Hrsg) Corporate Compliance. Handbuch der Haftungsvermeidung im Unternehmen, 3. Aufl. Beck, München, S 273–296

Wendt M (2017) Impulse des Aufsichtsrats für die kontinuierliche Weiterentwicklung der Corporate Governance: „Governance-Dialog". In: ICG (Hrsg) Real Corporate Governance Nr. 1/2017, S 2–6

Wendt M, Eichler H (2018) Interne Revision für Aufsichtsräte. Grundlagen, Führungsaufgaben, Wirksamkeit. Schmidt, Berlin

Wendt M, Withus K-H (2015) Compliance-Risikoanalyse aus Sicht des Wirtschaftsprüfers. In Moosmayer K (Hrsg) Compliance-Risikoanalyse. Praxisleitfaden für Unternehmen. Beck, München, S 167–179

Wieland J (2004) Wozu Wertemanagement? Ein Leitfaden für die Praxis. In Wieland J (Hrsg) Handbuch Wertemanagement. Murmann, Hamburg, S 13–52

Wieland J (2014) Integritäts- und Compliance-Management als Corporate Governance – konzeptionelle Grundlagen und Erfolgsfaktoren. In Wieland J, Steinmeyer R, Grüninger S (Hrsg) Handbuch Compliance-Management. Konzeptionelle Grundlagen, praktische Erfolgsfaktoren, globale Herausforderungen, 2. Aufl. Schmidt, Berlin, S 15–40

Printed in the United States
By Bookmasters